Katharina Schaake

Nordhessen

„Im Märzen der Bauer ..."

Geschichten & Anekdoten

Bildnachweis

Alle Bilder stammen aus dem Archiv der Autorin.

Titelbild: ullstein bild (Oscar Poss)

1. Auflage 2015

Layout: Da Forma Agentur für Gestaltung, Gudensberg

Druck: Hoehl-Druck Medien + Service GmbH, Bad Hersfeld

Buchbinderische Verarbeitung: Buchbinderei S.R. Büge, Celle

34281 Gudensberg-Gleichen, Im Wiesental 1

Tel. 0 56 03 - 9 30 30 www.wartberg-verlag.de

ISBN 978-3-8313-2434-7

Inhalt

Vorwort

Im Märzen der Bauer…
Dieses Büchlein nimmt Sie mit auf eine Reise durch die Jahreszeiten in Nordhessen. Wenn auch die heutige Zeit schneller zu vergehen scheint und sich grundlegende Veränderungen ergeben haben, kommen uns, vielleicht gerade deswegen, Fragen nach dem Früher. Wie haben unsere Vorfahren gelebt und gearbeitet? Wie sah es in der angeblich so „guten alten Zeit“ aus?
Ich bin froh, vieles noch erlebt zu haben und freue mich, in meinen Geschichten etwas davon weitergeben zu können. Unterstützung bei der Zusammenarbeit mit dem Verlag fand ich durch meine Schwiegertöchter Gerlinde und Inka, wofür ich vielmals danke.

Katharina Schaake

Im März der Bauer die Rösslein einspannt...

So wie früher hat dies auch heute noch seine Gültigkeit. Doch der moderne Bauer spannt keine Pferde oder Kühe mehr ein. Maschinen haben längst die Gespanne von den Feldern verdrängt.

Blicke ich auf die vergangenen 50 oder 60 Jahre zurück, hat sie die technische Umwandlung in der Landwirtschaft mit ihrem rasanten Tempo vollzogen.

Noch nach dem Krieg bewirtschafteten weit über 50 bäuerliche Betriebe in unserem Dorf ihre Felder ausschließlich mit Pferden und Kühen. Die Dörfer sind gewachsen, aber die landwirtschaftlichen Betriebe bis auf ein Minimum geschrumpft.

Mit dieser Verdrängung hat sich auch die Gemeinschaft untereinander verändert. Man kennt sich vielfach nicht mehr. Obwohl den Menschen früher sehr viel mehr körperliche Arbeit abverlangt wurde, blieb dennoch mehr Zeit zur gegenseitigen Hilfestellung und auch für gemeinsame Stunden.

Während heute unsere Felder fast menschenleer sind, begann früher, gerade im März, wenn Frühlingssonne und Winde den Boden abgetrocknet hatten, reges Treiben auf den Äckern. Steine mussten vom Wintergetreide abgelesen, das Saatbett für Hafer und Sommergerste vorbereitet und bestellt werden. Um eine zufriedenstellende Ernte zu gewährleisten, wurde auch in dieser Zeit der Boden mit mineralischem Dünger (wenn auch viel sparsamer) aufgewertet.

Das geschah vorwiegend in Handarbeit mithilfe der Streuwanne, die über die Schulter und Rücken gegürtet wurde. Wiesen wurden abgeschleift und die zahlreichen Maulwurfhaufen eingeebnet.
Für die Hackfrucht (Kartoffeln und Rüben) musste die Jauchegrube geleert und der über die Wintermonate hochgewachsene Misthaufen auf die Felder gefahren und ausgebreitet werden. Das bedeutete ein schweres Stück Arbeit für Mensch und Tier.

Die Rösslein eingespannt, ging es zum Düngen hinaus aufs Feld.

Pflanzkartoffeln wurden vorbereitet und bei geeigneter Witterung, wenn sich der Boden erwärmt hatte (meist im April), mithilfe von Henkelkorb oder einer Sackschürze Schritt für Schritt in die Furche gelegt und angetreten. Da hatte man bis zum Abend heftige Rückenschmerzen.
Rüben wurden nun ebenfalls ausgesät. Zum größten Teil in Reihen auf den Acker, wonach die Pflänzchen dann später verhackt und vereinzelt wurden.

Oder aber man zog im Gemüsegarten Pflanzgut heran, das später in der „Setzwoche“ mit dem Winterkraut für die Familie auf das Feld gepflanzt wurde. Diese vielfältigen Arbeiten hatten zur Folge, dass ein reges Leben herrschte. Die Felder waren immer voller Menschen. Man begegnete sich und hatte zwangsläufig mehr Kontakt miteinander.

Auch Ochsen wurden für die schwere Arbeit vor den Pflug gepannt.

War man auf „Schusters Rappen“ unterwegs und es begegnete einem ein Fuhrwerk gleichen Weges, wurde man mit einem Gruß spontan aufgefordert: „Bo wellst dou de hen? Komm, kannst metgefohr, stieh off!“ So setzte man sich vorn zum Fuhrmann oder am Wagenende auf das Unterbrett. Nahte der Feierabend, richtete man sich nach dem Läuten der Kirchenglocken, den vorbeifahrenden Eisenbahnzügen oder dem Pfeifton der Sägewerke, denn die wenigsten besaßen eine Uhr. Die Felder leerten sich und man rief sich zu: „Komm, mach Fierowed, jetzt gets heim!“

Das alles hat die Menschen miteinander verbunden. Man hatte nicht nur Nachbarn im Dorf, sondern auch in der Feldgemarkung.
Weiter heißt es in unserem Märzlied: „Die Bäuerin, die Mägde, sie dürfen nicht ruhn, sie haben im Feld und im Garten zu tun." Im Gegensatz zu heute musste die Landfrau weniger Zierrasenfläche und Blumenanlagen pflegen. Die Nutzgärten waren um ein Vielfaches größer, wie auch die Familien größer waren, die über das ganze Jahr daraus versorgt wurden. Trotzdem lief die Gartenarbeit nebenher. Das Vieh und die Feldarbeit hatten Vorrang.
Eine Frühjahrsarbeit ist das „Märzen", das Großreinemachen im Frühjahr, eben im März. Das war vielleicht ein Aufwand: Matratzen (oftmals schon dreiteilig), Unterbetten und Federdecken wurden heraus auf den Hof oder in den Garten gebracht und ordentlich geklopft, gebürstet und gelüftet. Es war ein lustiges Bild, all die roten Federkissen und Decken über Zäune und Wäscheleinen hängen zu sehen.

Jetzt fängt das schöne Frühjahr an

In der Kriegs- und Nachkriegszeit waren Spielsachen eine Rarität. Dennoch kam unter uns Kindern keine Langeweile auf. Gerade im Frühjahr waren wir kaum im Haus zu halten und drängten zum Spielen hinaus.
Dabei erinnere ich mich an den alltäglichen Kampf mit den Eltern um das Anziehen: kurzärmelig und Kniestrümpfe, ja oder nein? Die warme Sonne kam uns zur Hilfe und wir setzten uns meistens durch.

Mit den Freundinnen übten wir uns im Seilspringen. Dazu genügte ein einfacher, nicht zu starker Strick. Besonders liebten wir das „Hickelkästchenspiel“, bei dem einfach mit Kreide ein paar aneinanderhängende Quadrate auf die Straße gemalt wurden, in denen wir eine Scherbe überspringen mussten.
Unvergesslich das Schüsselspielen. Jedes Kind hatte für seine Schüsseln, kleine Kügelchen aus Lehm, ein eigens dafür genähtes Beutelchen. Kugeln aus buntem Glas waren natürlich noch wertvoller. Sie boten auch Anlass für Tauschgeschäfte.
Die Geschwister der Nachbarn besaßen eine Schaukel, bestehend aus zwei Ketten, die rechts und links an der Türöffnung des Holzstalles befestigt waren. Verbunden waren sie mit einem Kummet von einem Kuhgeschirr. In dieses gepolsterte Kummet passte man gerade hinein, man saß weich und konnte mit viel Schwung und Spaß wunderbar schaukeln.
Wir spielten Verstecken, Räuber und Gendarm und Ballspiele mitten auf der Straße. Wir liefen auf selbstgebauten Stelzen und bauten mit den Pfarrerskindern im Pfarrgarten Hüttchen aus Ästen und Abfallbrettern von unserem Schreiner.
Ebenfalls im Pfarrgarten gab es einen unter einem Erdwall liegenden Vorratsraum, der über einige Treppenstufen erreichbar war. Dieser „Bunker“ war im Sommer kühl und im Winter frostfrei und wir Kinder nutzten ihn zum Theaterspielen. Bei einer Aufführung des Rotkäppchens mit erwachsenen Zuschauern vergriff sich der Wolf an dem eingelagerten Kraut einer im Pfarrhaus wohnenden Flüchtlingsfrau. Diese schrie erschrocken: „Nein, halt! Der Wolf frisst ja meinen Kohlkopf.“

Wir stauten unseren Breitenbach, setzten kleine Wassermühlen in das Abflusswasser und hatten unsere große Freude, wenn Wasser darüberlief und sich die Mühle drehte. Wie wir wissen, gab es an den Wasserläufen auch immer Weidenhecken. Was konnten wir daraus nicht alles schnitzen: Zwillen, Flitzebogen und vor allem kleine Pfeifchen, die nach geschicktem Aushöhlen, richtige Töne von sich gaben.
Wurde im Frühjahr Losholz gemacht und der Reiserhaufen gewellt, waren wir Kinder mit dabei und durchstöberten den Wald. Einen schöneren Spielplatz gab es nirgends auf der Welt.
Für uns Mädchen waren Sing- und Kreisspiele, auch in den Schulpausen, sehr beliebt. Wir sangen und spielten z. B. „Die Tiroler sind lustig“, „Dornröschen war ein schönes Kind“, „Der Plumpsack geht rum“, „Blinde Kuh“ oder „Macht das Tor auf, es kommt ein goldener Wagen“.
An Regentagen vertrieben wir uns die Zeit im Haus mit Kartenspielen wie „Schwarzer Peter“, „Dame“ und „Mühle“ oder „Mensch ärgere dich nicht“.
Allerdings verbrachten wir unsere Zeit nicht nur mit Spielen, sondern bekamen zu Hause auch bestimmte Aufgaben übertragen, für die wir dann verantwortlich waren. Dazu gehörte die Rüben zum Füttern der Tiere vorzubereiten, das heißt zu säubern, die restlichen Würzelchen und Erde abzukratzen, bevor sie in der Rübenmühle zerkleinert wurden. Wir Kinder hatten den Hof und die Straße zu fegen (besonders am Samstag) und die Mädchen gingen der Mutter bei der Wäsche und im Garten zur Hand. Waren die jungen Gänschen geschlüpft und das Wetter schön warm, führten wir, die kleinen gelben Tierchen anfangs in einem

Henkelkorb tragend, die Gänsemutter nebenher, auf die Gänseweide. Oftmals wurden während des Gänsehütens die Schulaufgaben gemacht. Zu unseren Pflichten gehörte auch das Sammeln von Brennnesseln, die zusammen mit altem Brot und Haferflocken als Gänsefutter diente.

Was war das eine abwechslungsreiche Kindheit, auch ohne die vielen technischen Neuerungen, die den Kindern heute zur Verfügung stehen.

Der Schäfer und seine Herde

Ein einsamer Mann mit weitem Umhang inmitten seiner Herde, die Hände auf einem langen Stock gestützt und die Hunde zu seinen Füßen: der Schäfer mit seiner Herde – ein Bild ländlicher Idylle. Doch so beschaulich und geruhsam war die Schafhaltung natürlich nicht.
Seit eh und je wurden in unseren Dörfern Schafe gehalten. Sie galten als Woll- und Fleischlieferant und sorgten nicht zuletzt für guten Dünger, der kostensparend die Fruchtbarkeit des Bodens verbesserte.
In unserem Dorf gab es eine größere Herde von etwa 200 Tieren, die zu einem landwirtschaftlichen Betrieb gehörte. Vom Frühjahr bis in den Spätherbst ließen allerdings auch andere Landwirte ihre Schafe in der Herde mitlaufen. Auf fast jedem Bauernhof gab es Schafe.
Betreut und gehütet wurde die Herde von einem Schäfer, der mit den Tieren über Wiesen, abschüssige Raine, durch Hutewälder und über herbstliche Stoppelfelder zog. Seine

treuen Helfer waren die Hütehunde, die die Schafe zusammenhielten und lenkten. Sie verstanden die Zurufe und Kommandos des Schäfers genau.

Um eine gleichmäßige Bodendüngung zu erreichen, wurde die Weide der Herde ständig gewechselt und der Pferch (ein Gatterzaun), in dem die Schafe übernachteten, immer wieder an anderer Stelle aufgeschlagen. Viele Bauern begrüßten es, wenn der Pferch im Frühjahr einmal auf der eigenen Wiese aufgeschlagen wurde. Das bedeutete schnelles und gutes Wachstum der Gräser.

Von Frühjahr bis Spätherbst war der Schäfer mit seiner Herde unterwegs.

Auch wenn die Schafe nachts eingepfercht waren, blieb der Schäfer in der Nähe. Er übernachtete in seiner fahrbaren zweirädrigen Schäferhütte, in der ihm ein Bettkasten mit Strohsack und ein Federbett zur Verfügung standen.

Besonders arbeitsreich war für den Schäfer das Frühjahr, wenn die Lämmer geboren wurden. Er musste darauf achten, dass die kleinen Lämmchen, oft waren es Zwillinge,

von der Mutter zum Trinken angenommen wurden. Auch kam es vor, dass der Strichkanal einer Zitze des Euters durch einen Pfropf verstopft war. Bei Euterentzündung oder Tod des Mutterschafs versuchte der Schäfer das Lamm einem anderen Muttertier unterzugeben.
Im Mai und Juni, vor der Sommerhitze, wurden die Schafe geschoren. Dazu zog der Schäfer mit der Herde durch das Dorf in den großen Schafstall, in dem sie sonst nur die Wintermonate verbrachte. Für uns Kinder war es ein großes Ereignis, wenn sich die vielen Schafe mit lautem „Gemäh" durch Wege und Straßen drängelten. Zum Glück waren zu dieser Zeit kaum Autos unterwegs.
Das Schafscheren war eine schwere Arbeit. Man hatte dazu nur einfache Handscheren. Sie bestanden aus zwei spitz zulaufenden Schneideblättern, die durch einen federnden Handgriff miteinander verbunden waren und sich nach jedem Schnitt von selbst wieder öffneten.
Die Wolle wurde zum größten Teil verkauft, der Rest gewaschen und in der Sommersonne getrocknet, gekämmt, um dann im Winter zu Garn gesponnen zu werden.
In den 50er-Jahren ging die Schafhaltung in unseren Dörfern stark zurück. Das Schaf hatte seine Bedeutung als Wolllieferant verloren. Die Wolle deckte nicht mehr die Unterhaltungskosten eines Schäfers. Somit war es das Ende der großen Schafherden, die zuvor zum Landschaftsbild gehört hatten.

Die Amerikaner kommen!

Unsere nordhessischen Dörfer waren zunächst meist unbehelligt von Kriegszerstörungen des Zweiten Weltkriegs geblieben. Doch das sollte sich ändern.
Die deutsche Wehrmacht wurde zurückgedrängt und überall durchzogen Spitzen der amerikanischen Armee unsere Dörfer und Städte. Hier und da gab es Widerstand, der oft mit einer Katastrophe endete, wie z. B. in Asbach, einem Dorf bei Bad Hersfeld. Der halbe Ort wurde zerstört und Menschen auf beiden Seiten fanden den Tod.
Jedoch möchte ich nicht von der ganzen Grausamkeit des Krieges, des Leides und der Not, der Tränen in den Familien berichten, dazu war ich zu jung. Zu jung um mit acht Jahren all das Schreckliche erfassen und begreifen zu können. Wir Kinder hörten, was um uns geschah, stellten Fragen, die kaum beantwortet wurden und verloren uns wieder in unserem Spiel – und das war gut.
Die Tage um Ostern 1945 waren eine turbulente Zeit in unseren sonst so ruhigen Dörfern. In fast jedem Haus waren Evakuierte (Menschen aus den zerbombten Städten) und Flüchtlinge untergebracht. Es war ein Kommen und Gehen.
Auf den Hauptstraßen bildeten sich endlose Menschenschlangen: Soldaten und Zivilisten, mit Wehrmachtsautos, Gespannen, Fahrrädern oder auch zu Fuß. Wir sahen einen Mann, der sein Fahrrad vollgepackt auf Felgen die Straße hinunterfuhr. Andere hatten ihre Habe auf Hand- oder Kinderwagen geladen. Die Mutter stand an der Straße und teilte Brote an die Vorüberziehenden aus.

Schulunterricht hatten wir längst nicht mehr. Das Schulhaus wurde von Soldaten als Quartier benutzt. Ende März, die Frühjahrsbestellung musste getan werden, doch ich durfte nicht wie sonst mit dem Vater hinausfahren. Man sagte, es sei zu gefährlich, da Tiefflieger Gespanne und Menschen auf den Feldern unter Beschuss nähmen.

Man sprach nur leise darüber, dass der Krieg bald vorbei sei. Und dann kam der 30. März – Karfreitag. Wie ein Lauffeuer verbreitete sich die Kunde: Heute kommen die Amerikaner! Die Straßen waren plötzlich wie leergefegt. Es war unheimlich durch den stillen Ort zu laufen. Vom Himmel fielen schwarze Flöckchen verkohlten Papiers, die der Wind umhertrieb. Überall aus den Schornsteinen, so erinnere ich mich, stieg dicker Qualm. Man verbrannte noch schnell Fahnen, Bücher und Hefte – Zeugen der NS-Zeit. Hier und da hingen weiße Tücher aus den Fenstern. An diesem Karfreitag läuteten keine Glocken zum Gottesdienst.

Wir kramten die wichtigsten Sachen aus den Schränken zusammen und schafften sie in den Luftschutzkeller. Dort suchten dann auch wir mit vielen Nachbarn und Fremden Schutz vor dem Ungewissen, Schutz vor dem Feind! Wir saßen dichtgedrängt, ich auf Mutters Schoß, die ihre Arme um mich legte und die Hände gefaltet hielt. Die Angst der Erwachsenen übertrug sich auf uns Kinder. Es lag eine unbeschreibliche Spannung in diesem gewölbten Kellerraum. Ich kann mich nur an Stille erinnern, die plötzlich von einer jungen in der Tür stehenden Frau durchbrochen wurde: „Die Amerikaner sind da!"

Das anfängliche Gemurmel wurde lauter. Man ging zur Außentür und hörte entferntes Dröhnen und Rasseln, ungewohnte Geräusche. Sonst war alles still. Unserem Bitten wurde nachgegeben, wir Kinder durften zusammen mit Erwachsenen ins Unterdorf gehen, um dort mehr zu sehen. Von dort aus sahen wir eine Kolonne von Panzern und anderen Fahrzeugen. Auf den Panzern und Autos der Feind – uns freundlich zuwinkend. Das war der Feind? Menschen wie wir? Da, die ersten Farbigen. Sie lachten uns zu und ihre weißen Zähne blitzten. So sah der Feind aus? Jetzt war Frieden!

In den nächsten Tagen wurden verschiedene Häuser besetzt. Unsere Nachbarn mussten räumen. Wir rückten zusammen und hatten Platz für viele. Die Besetzer durchsuchten Wohnungen nach versteckten Waffen. So manches Osterei fiel ihnen dabei in die Hände. An diesen Ostertagen gingen wir Kinder nicht wie sonst auf die Osterwiese zum Eierwerfen, sondern zogen lieber den nächsten Grasgarten vor.

Man gewöhnte sich an die Amerikaner, besonders uns Kindern fiel das nicht schwer, so manches Stückchen Schokolade oder Kaugummi bekamen wir von ihnen in den Mund geschoben. Doch wo blieb die ältere Schwester, die man als Flakhelferin nach Hamburg geholt hatte und von der jedes Lebenszeichen fehlte? Wo waren der Sohn und Bruder der Nachbarn? Wo war der Vater der Freundin? War nun Frieden?

Ostererinnerungen

Ostern, das höchste Fest der Christenheit, das Fest der Auferstehung Jesu, hat seit eh und je die Menschen tief be-

wegt. Viele große Künstler haben uns zu dieser Thematik einzigartige Werke hinterlassen.
Das Fest ist mit vielen Bräuchen verbunden. Vor allem sind heute das Osterei (als Zeichen der Fruchtbarkeit) und der Osterhase bekannt. Ein weit verbreiteter Brauch, der auch heute noch in manchen Gegenden praktiziert wird, war das Abbrennen des Osterfeuers am Abend des Ostersonntags. Gemeinsam wurden große Holzstöße errichtet, deren Flamme in der Dunkelheit weithin sichtbar war. Neben dem Osterfeuer spielten auch die Osterräder bei den Bräuchen eine wichtige Rolle. Der Osterräderlauf war gerade in unserem hessischen Bergland eine weit verbreitete Sitte. Schwere große Räder wurden mit Stroh gestopft und umflochten und rollten dann brennend den Berg hinunter. Das Feuer sollte an Christus als das Licht der Welt erinnern.
Osterwasser holte man schweigend frühmorgens vor Sonnenaufgang aus einer frischen Quelle oder einem Brunnen. Möglichst sollte es von jungen unverheirateten Frauen geschöpft sein. Das Wasser nüchtern getrunken hatte der Überlieferung nach eine heilende Wirkung. Auch das Vieh in den Ställen wurde mit frischem Osterwasser bespritzt.
Dorfbrunnen wurden mit grünem Buchsbaum und bunten Eiern geschmückt, als Symbol der Reinheit und Fruchtbarkeit. Diese Tradition hat sich vielerorts bis heute in den Dörfern erhalten.
Ein weiteres österliches Symbol ist das Osterlamm. Es erinnert an Jesus, das Lamm Gottes, für die Menschen am Kreuz gestorben. Ein Lamm wurde zum Osterfrühstück als Gebäck in einer Form gebacken oder kam als Osterlämmchen gebraten auf den Mittagstisch.

Kurz vor Ostern wurden alle Räume im Haus gründlich geputzt, die Vorhänge gewaschen und das Haus nach monatelanger Ofenheizung gründlich durchgelüftet.
Am Gründonnerstagmorgen wurde es still. Die Kirchenglocke rief zum Abendmahlgottesdienst. Am Karfreitag, dem höchsten Feiertag im evangelischen Kirchenjahr, gab es mittags immer Fisch mit Kartoffelsalat. Es herrschte eine merkwürdige Stimmung. Wir Kinder durften nicht ausgelassen und laut miteinander umgehen, sondern mussten uns still verhalten und wurden an das Geschehene auf Golgatha erinnert. Am Samstag dann wurde der Osterkuchen im Backhaus gebacken. Abends hatte die Mutter, von uns Kindern unbemerkt, die Eier gefärbt.
An eine Begebenheit kann ich mich lebhaft erinnern: Es war der Ostersamstag 1945, die Amerikaner hatten gerade unser Dorf eingenommen und suchten in den Wohnhäusern nach Waffen und Soldaten. Mutter kam aus der Wohnstube mit einer Schüssel gesammelter Eier und stand plötzlich vor den „feindlichen" Soldaten. Die freuten sich über die vielen Eier und die Mutter überließ ihnen vor Schreck den ganzen Eiervorrat. Dennoch lagen am Ostersonntag, wer weiß woher, viele bunte Ostereier in jedem Osternest, das wir zuvor mit Stöckchen und weichem Moos im Garten gebaut hatten. Und so sehr wir uns auch anstrengten, den Osterhasen haben wir nie erwischt.
Noch vor dem Mittagessen gingen wir mit kleinen Osterkörbchen in die Nachbarschaft, um frohe Ostern zu wünschen. Dabei kamen auch nochmal einige bunte Eier zusammen. Außer gefärbten Eiern gab es keine weiteren Geschenke oder Süßigkeiten. Das kam erst sehr viel später in Mode.

Am Osternachmittag zogen wir gemeinsam zur „Osterwiese“, wo wir die Eier um die Wette möglichst weit geworfen haben. Das war vielleicht ein buntes, fröhliches Treiben. Bei den vielen Eierwerfern musste man aufpassen, nicht eines auf den Kopf zu bekommen. Die zerbrochenen Eier hat man nicht einfach der Wiese überlassen, sondern sie wurden zum Teil gegessen, auch wenn manchmal ein paar grüne Grashalme dranhingen. Sie wurden mit nach Hause genommen, denn nach Ostern gab es immer „Grüne Soße“.

Die Grüne Soße wurde in unseren nordhessischen Dörfern ganz verschieden zubereitet. Man richtete sich nicht nach dem Originalrezept der Frankfurter Grünen Soße, angeblich ein Rezept der Frau Goethe.
In unserer Familie bereitet man bis heute eine Schmandsoße, abgeschmeckt mit Salz, Pfeffer, etwas Zucker, Essig, eventuell ein Teil der Flüssigkeit von eingeweckten Gurken. Dahinein kommt alles an Kräutern, was das Frühjahr hergibt: Schnittlauch, Petersilie, Pimpinelle, Sauerampfer, dann vom überwintertem Spinat und Nüsschen (Feldsalat). Aus freier Natur kommen noch zarte Brennnesseln und Löwenzahn hinzu.
Die Kräuter werden gut gewaschen, mit dem Messer (nicht mit einer Maschine!) geschnitten und unter die Schmandsoße gerührt. Die kaputten Ostereier nicht zu vergessen, die der grünen Soße erst einen abgerundeten Geschmack verleihen. Dazu reicht man Pell- oder Salzkartoffeln.
Dieses Gericht war früher, als es das heutige Überangebot an Salaten und Gemüse über die Wintermonate noch nicht gab, etwas Besonderes.

Und auch heute freuen wir uns auf die erste grüne Soße nach einem langen Winter.

Eine goldene Konfirmandin erinnert sich

Alle Jahre wieder im Frühjahr, feiern wir in den evangelischen Gemeinden das Fest der Konfirmation.
1950 wurden wir Konfirmanden, stolz und ängstlich zugleich, zur ersten Vorkonfirmandenstunde in der alten Schule vom Pfarrer empfangen und einander vorgestellt.
Aus allen Teilen der Gemeinde kamen insgesamt 47 Konfirmanden zusammen, und man lernte sich kennen. Dass sie z.T. einen weiten Fußmarsch durch den Wald hatten zurücklegen müssen, machte dabei keinen Eindruck. Das war in der Zeit ganz normal.
Zu unserem Rüstzeug gehörten Bibel, Gesangbuch, Katechismus und Schreibzeug. Nicht jeder besaß eine Tasche oder einen Beutel. Viele trugen ihren Bücherpack, zusammengehalten mit einem Gummiband, unter dem Arm.
Genau kann ich mich noch an die ersten Hausaufgaben erinnern: Es galt die Geschichts-, Lehr- und Prophetischen Bücher des Alten Testaments auswendig zu lernen. Diese fremden Namen wollten einfach nicht in meinen Kopf hinein.
So trafen wir uns jeden Freitagnachmittag zur Konfirmandenstunde. Von Woche zu Woche musste auswendig gelernt werden: Der ganze Katechismus, all die vielen Psalmen und Sprüche, Lieder aus dem Gesangbuch und unzählige Bibeltexte.

Wollte man sich zu Hause beklagen, hieß es: „Mach und lern. Was du im Kopf hast, kann dir niemand nehmen." Wer seine Hausaufgaben nicht gemacht hatte oder sonst ungehorsam war, musste die Sonntagspredigt aufschreiben. Das war die schlimmste Strafe. Wie sollte man denn eine ganze Predigt im Kopf behalten? Die Konfirmanden trafen sich sonntags vor dem Gottesdienst am alten Pfarrhaus, um gemeinsam hinter dem Pfarrer, Mädchen und Jungen getrennt, in Zweierreihen den Weg zur Kirche zu nehmen.

Die stolze Konfirmandin.

Kirchgang war Pflicht. Ebenso war es Pflicht, als Konfirmand den Pfarrer zu Beerdigungen in der Gemeinde zu begleiten. Zu den Gottesdiensten wurden im Wechsel immer zwei Jungen bestimmt an der Orgel den Blasebalg zu

treten. So vergingen zwei Jahre der Vorbereitung bis zum Tag der Prüfung und der Konfirmation.
Heute werden die Konfirmanden einige Sonntage vor der Konfirmation in einem Gottesdienst der Gemeinde vorgestellt. Damals war es der Prüfungsgottesdienst, immer der Sonntag vor der Konfirmation. Obwohl sich viele von uns über das neue „Prüfungskleid", vielleicht auch ein paar neue Schuhe freuten, zitterten wir dem Gottesdienst entgegen. Es war keine Prüfung, bei der man schlechte Noten bekam oder gar durchfallen konnte. Nein, aber man konnte sich vor der ganzen Kirchengemeinde blamieren. Alles in der Konfirmationszeit Gelernte, konnte abgefragt werden. Da freute man sich eher auf das Fest der Konfirmation.
Es war ein bewegter Moment, mit einer Mitkonfirmandin vor dem Altar zu knien und vom Pfarrer eingesegnet zu werden und später mit allen Konfirmanden das erste Abendmahl einzunehmen.
Der Gottesdienst zur Konfirmation, das innere Bild, hat sich bis heute kaum verändert, jedoch der Rahmen ist ein anderer. Er ist bunter, das zeigt sich allein schon in der Bekleidung der Konfirmanden. Wir freuten uns über das neue Kleid aus organisiertem Stoff, von der Hausschneiderin genäht. Wir freuten uns mit der Familie und nahen Verwandten am festlich gedeckten Mittags- und Kaffeetisch im eigenen Wohnzimmer zu sitzen. Wir waren zufrieden mit ein oder zwei Torten und gutem Blechkuchen.
Wir freuten uns über Geschenke: ein Gesangbuch von den Paten, vielleicht ein kleines Schmuckstück – eine Uhr war etwas ganz Besonderes – und feine, umhäkelte Taschentücher. Auch Wäsche bekam man geschenkt, sogar Seidenstümpfe, denn man fühlte sich ja nun erwachsen. Auch

an die Aussteuer wurde schon gedacht: Die Großmutter schenkte eine schöne alte Tischdecke, die Nachbarn eine Sammeltasse usw. Das Größte aber waren die vielen, vielen Glückwunschkarten. Fast jede Familie der Gemeinde gratulierte zur Konfirmation. Kinder, die die Karten brachten, wurden belohnt mit selbstgebackenen Plätzchen, wie es sie sonst nur in der Weihnachtszeit gab. Der Konfirmation folgten noch zwei Jahre Christenlehre, alle 14 Tage. Nach dem Gottesdienst wurde die Predigt besprochen. Doch die Reihen der Konfirmierten wurden lichter.
Manche verließen ihren Heimatort, zogen mit ihren Familien an einen anderen Ort, machten außerhalb eine Berufsausbildung oder gingen in einen fremden Haushalt.

Wandertage und Schulausflüge

Gerade im April, wenn kurz vor den Osterferien die Klassenarbeiten geschrieben waren und die Zeugnisse feststanden, wurden in den 50er- und 60er-Jahren Ausflüge in die nahe und weitere Umgebung geplant. Kurze Wanderungen mit unserer Lehrerin Fräulein Weiß in die umliegenden Wälder, die uns aufmerksam machte auf vielerlei Waldpflanzen, Kräuter und Baumarten standen auf dem Programm. Nicht nur die Vögel zwitscherten ihr Lied dazu, auch wir Schüler sangen bei den Wanderungen all die schönen Frühlingslieder.
In den höheren Klassen führte uns dann Lehrer Hose zu weiteren Zielen, z. B. die Burg Herzberg, auf der wir sogar eine Führung des Burgherren bekamen. Wir fuhren mit der

Eisenbahn von Breitenbach über Niederaula nach Oberaula. Das allein war schon ein Erlebnis! Von dort liefen wir durch Oberaula und Fridigerode zum Schwarzenbörner Teich und Knüllköpfchen. Zum Mittag gab es in der Gaststätte „Boglerhaus“ Kuchen und ein Getränk. Müde kehrten wir dann wieder per Bahn zurück in unser Dorf.

In Erinnerung ist mir auch noch eine Wanderung über den nahe gelegenen Rimberg nach Weißenborn zu einem Kalkwerk. Wir bauten dort in der Natur mehrere Feuerstellen, auf denen wir in unseren mitgebrachten Töpfchen und Pfannen Bratkartoffeln, Rührei und Suppe zubereiteten. Was ein Spaß!

Weitere Fahrten mit einem Reisebus führten vor den Ferien nach Kassel-Wilhelmshöhe, in den Frankfurter Zoo oder Palmengarten oder natürlich an den Rhein.

Außerdem erlebten wir eine gemeinsame Klassenfahrt nach Marburg, die für uns alle sehr eindrucksvoll war.

Vom Busparkplatz gingen wir zunächst über die Lahn durch den alten Botanischen Garten und standen plötzlich vor dem riesigen, zweitürmigen Bauwerk der Elisabethkirche. Ich glaube ich hatte bis dahin nie eine so mächtige Kirche gesehen. Sie wurde vom deutschen Orden zu Ehren der heiligen Elisabeth von Thüringen erbaut, die 1228 in Marburg ein Hospital gründete. In der großen Hallenkirche mit wunderbar bunten Glasfenstern befindet sich in der Sakristei der gotische, reich geschmückte Elisabeth-Schrein, der wichtigste Schatz der Kirche.

Voller Eindrücke und Information verließen wir das Gotteshaus in Richtung Altstadt bzw. Oberstadt. An vielen schönen Fachwerkbauten vorbei, erreichten wir das dreigeschossige Rathaus. In Erinnerung ist mir eine große Uhr in der Mitte des Giebels. Über der Uhr dreht sich langsam die Abbildung einer Weltkugel und auf dem Giebel steht ein Hahn, der stündlich seine Flügel anhebt. Neben der Uhr ein Trompeter und der Tod, der ein Stundenglas dreht. Nachdem wir den großen Ratssaal besichtigen konnten, stiegen wir weiter durch die Oberstadt zu dem hoch über der Stadt gelegenen Landgrafenschloss, der ersten Residenz des Landgrafen von Hessen.

Dort wurden wir von unserem Bus erwartet und nach einem letzten Blick über Marburg ging unsere Fahrt durch das schöne Marburger Land wieder zurück in unser Breitenbach.

Die große Wäsche

Schon vor mehr als 50 Jahren erfreute sich die Hausfrau am Anblick der im Sommerwind flatternden Wäsche. Dann hatte sie die große Wäsche, eine mühselige, schwere Arbeit, die sich über mehrere Tage hinzog, hinter sich. Man wusch etwa alle drei bis vier Wochen. Wenn man bedenkt, dass gerade auf einem Bauernhof viele Menschen lebten und einer Arbeit nachgingen, die oft eine Menge Schmutz mit sich brachte, kann man sich ungefähr die Wäscheberge vorstellen, die zu bewältigen waren.

Viele Arbeitsgänge waren nötig bis die Wäsche wieder sauber im Schrank lag. Zunächst wurden die Stücke sortiert in Koch- und Buntwäsche und die Kochwäsche in einer Soda- oder „Henko"-Lösung über Nacht eingeweicht. Frühzeitig am nächsten Morgen wurde die Wäsche ausgewaschen („abgeribbelt“). Besonders schmutzige Stellen wie Hemdkragen, Bündchen, weiße Schürzen hatte man mit einem Stück Kernseife vorbehandelt, ehe sie mit der übrigen Wäsche in den mit lauwarmer Seifenlauge gefüllten Waschkessel gesteckt wurden, unter dem ein heftiges Feuer loderte. Die Wäsche musste nun sprudelnd kochen. Man kann sich die Dampfentwicklung vorstellen, die durch das ganze Haus zog. Nicht überall in den Häusern gab es eine Waschküche, dann spielte sich das Ganze in der Küche ab. Nach dem Kochvorgang wurde nun die Wäsche dem Kessel entnommen und Stück für Stück ausgewaschen. Das erforderte viel Kraft und Ausdauer. Bei jedem Waschtag hatte ich von der scharfen Lauge und dem Ribbeln offene, wunde Finger.

Nach mehrmaligem Ausspülen, das Wasser musste klar bleiben, kam die Wäsche in den Sommermonaten in den nahe gelegenen Grasgarten zum Bleichen. Die Stücke wurden nebeneinander gelegt und mehrmals am Tag mit der Gießkanne begossen. Durch die Sonne, die beim Trocknen Verfärbungen und graue Flecken herauszog, wurde die Wäsche schneeweiß. Während dieses Vorgangs musste sie mehrmals gewendet werden. Schlimm war es, wenn von Bäumen oder Sträuchern Blütenpollen geweht wurden und die saubere Wäsche plötzlich lauter gelbe Flecken hatte. Mitunter kam es auch vor, dass die Hühner nicht weggesperrt waren und ihre Spuren hinterließen. Dann gab es mächtig Ärger!

Der letzte Arbeitsgang war das Ausspülen in Silwasser. Dann mussten die Wäschestücke fest ausgewrungen und schließlich zum Trocknen auf die Leine gehängt werden. Dem Wäscheseil aus Sisal, das von Baum zu Baum gespannt war, gab man mit einer langen Stange, an deren Ende ein Nagel hervorstand, eine Stütze. Dennoch konnte es passieren, dass bei heftigem Wind das Seil zerriss und die ganze Wäsche zu Boden ging. Das bedeutete den letzten Vorgang noch einmal zu wiederholen. Je nachdem wie viele Hände zum Waschen zur Verfügung standen, wurden nebenher in der vorhandenen Waschlauge das Bunte und danach noch die vielen gestrickten Strümpfe gewaschen.

Auf der großen Wiese wurde die Wäsche zum Bleichen ausgebreitet.

In den Wintermonaten war das Trocknen problematisch. Vielfach stand einem ein Teil des Hausbodens oder der Schuppen zur Verfügung.

Waren nun die Wäscheberge endlich gewaschen und getrocknet, stand das Bügeln an. Auch das war, bis es das elektrische Bügeleisen gab, eine anstrengende Arbeit. Den festen Leinenstoff zu glätten und der Umgang mit den Ungetümen von Bügeleisen (hohle Eisen mit glühenden Bolzen oder Holzkohle gefüllt) erforderte viel Kraft. Etwas leichter ging es dann mit dem Setzeisen. Es war kleiner und nicht so schwer und stand immer auf der Herdplatte griffbereit.

Zum Glück für uns Hausfrauen wurde dem Waschtag durch den Fortschritt die Härte genommen. Ja, er ist fast ganz weggefallen. Ich erinnere mich noch an öffentliche Waschvorführungen, in denen Hilfsmittel wie z. B. handliche Wäschestampfer, angeboten wurden. Enorme Erleichterung brachte zunächst die elektrische Wäscheschleuder. Gerade das Auswringen der großen Wäscheteile war für die Hausfrauen besonders anstrengend. Bald gab es von verschiedenen Firmen angeboten, in fast jedem Haushalt eine elektrische Maschine zum Reinigen der Schmutzwäsche. Das hatte wiederum zur Folge, dass die Gemeinschaftswaschanlagen, die in vielen unseren Dörfern, in den 60er-Jahren eingerichtet worden waren, unrentabel wurden und schließen mussten.

Trotzdem sind gerade wir Frauen über die große Arbeitserleichterung, die die technische Entwicklung mit sich gebracht hat, froh. Früher war vieles anders, aber nicht alles besser.

Allerhand durchziehende Händler

Alljährlich im Frühjahr, wenn die Tage wärmer und länger wurden, zogen Händler und Handwerker durch unsere Dörfer und boten ihre Waren an.
Im Besonderen ist mir der „Debbe-Wagen“ in guter Erinnerung. Wenn er kam und seine Töpfe, Pfannen, Eimer, Nachtgeschirre, Kannen und Wannen sowie irdenen Hausrat in der Mitte des Dorfes ausbreitete, sprach sich das schnell herum. Das Geschirr war preiswert und gut und wurde von den Hausfrauen gern gekauft. Vor allem konnte man alte Lumpen und unbrauchbare Kleidung nach Gewicht gegen Töpfe und Geschirr eintauschen. Schön und lustig anzusehen war der hohe Wagen, behängt mit vielerlei Hausrat.
Auch der Korbflechter zog mit seinem Wagen durch unser Dorf. Körbe wurden immer gebraucht. Er hatte außer den großen Futter- und Kartoffelkörben noch allerhand mehr in seinem Sortiment. Da gab es die Kötzen, große helle Wäschekörbe, Einkaufs- und Schließkörbe, Feldkörbe, mit denen man das Essen auf die Felder brachte, sowie die flachen, geflochtenen Kuchenhorden und die schönen, bunten Schmuckkörbe, die ja früher auf keinem Brautwagen fehlen durften. Das war ebenfalls ein schöner Anblick, wenn so ein großer und bunter Wagen mit Körben behängt durchs Dorf fuhr.
Scherenschleifer, die aus Alsfeld kamen, gingen von Haus zu Haus, sammelten stumpf gewordene Scheren ein, die sie nach geraumer Zeit, alle an einem Draht aufgereiht, wieder scharf und fast wie neu zurückbrachten.
Vom Erzählen weiß ich, dass die sogenannten „Kümmel-

frauen“ aus der Rhön die Höfe aufsuchten und aus ihren Kötzen allerhand Kräuter und Heilmittel anboten.
Dann gab es die Handelsvertreter, die den Familien schon über Jahre bekannt waren. Auf Bestellung kaufte man allerlei Bürsten und Reinigungsmittel, Kernseife, Bohnerwachs sowie Leder- und Schmierfette. Bei den Schmierfetten wurde auf den Höfen vor allem schwarzes Wagenfett zum Abschmieren der eisenbereiften Wagen benötigt. Folgender Werbetext stand auf den Dosen und Eimern: „Wagenfett aus Gotha/Thüringen – Den Pferden ist es ein Vergnügen mit unbeschwerter Last durch Stadt und Land zu fliegen.“ Die bestellte Ware wurde dann per Eisenbahn angeliefert und durch einen Fuhrbetrieb (ein Landwirt mit Pferd und Wagen) zugestellt.

Im Frühjahr zogen die Händler mit ihren „Debbe-Wagen“ durch die Dörfer.

Diese Händler boten aber nicht nur ihre Waren an, sondern brachten auch viele Neuigkeiten mit. Nur wenige Familien besaßen ein Radio, und eine Zeitung hatte auch nicht je-

der. So erfuhr man alles Mögliche darüber, was in der nahen und der großen weiten Welt passierte. Man nahm sich Zeit zum Erzählen und auch zum Zuhören.
In Erinnerung ist mir noch ein Ehepaar aus Hersfeld, das mit einer Drehorgel durchs Dorf zog und herzergreifende Liebes- und Heimatlieder spielte. Während die Frau von Haustür zu Haustür lief, um ein wenig Geld zu bekommen, begleiteten die Kinder singend und tanzend den Drehorgelmann. All diese durchziehenden Menschen brachten ein wenig Abwechslung in die sonst eher ruhigen Dörfer. Auch wenn man an Waren nichts brauchte, war es doch eine Freude, sich zu sehen.

Im Wald und auf der Heide

Führt mich der Weg durch die Dörfer meiner Waldhessenheimat, stelle ich fest, dass unser Wald als Lieferant für Brennholz wieder mehr an Bedeutung gewinnt. Überall auf den Grundstücken sehe ich große Stapel gespaltenen Holzes aufgeschichtet. Dabei erinnere ich mich an die Waldarbeit und Brennholzwerbung in meiner Kindheit und frühen Jugend, bevor Ölheizungen und Hölzer aus tropischen Wäldern als Baumaterialien bei uns Einzug hielten.
Die Menschen waren auf Brenn- und Nutzholz angewiesen, ganzjährig zum Kochen und in den Wintermonaten, wenn auch äußerst sparsam, zum Heizen der Wohnung. Die Familie hielt sich vorwiegend in der Küche auf. Das Wohnzimmer wurde nur sonntags und zu Festlichkeiten geheizt, das Schlafzimmer höchstens bei Krankheit.

Die Arbeit im Wald war schwer und nur wenige waren dort ganzjährig beschäftigt. Viele Männer arbeiteten in den Sommermonaten auf Baustellen bis nach Westfalen oder später im Frankfurter Raum. In den Wintermonaten sicherte dann die Tätigkeit als Waldarbeiter das notwendige Einkommen. Auch viele Kleinbauern verdienten sich im Winter, wenn die Feldarbeit ruhte, ein Zubrot im Wald. Bauern mit Pferden wurden zum Holzrücken (Schleifen) der Baumstämme aus dem Wald eingesetzt.

Ab Oktober, also während der Vegetationspause, wurden die Bäume gefällt, Förster und Waldarbeiter besprachen, welche Bäume erntereif waren, zu dicht standen und geschlagen werden durften. Sie wurden entsprechend markiert.

Zunächst kamen Holzhändler, Schreiner und Stellmacher direkt in den Wald, um sich von der Holzqualität zu überzeugen und den Bedarf zu kaufen. Brennholz wurde ausgeästet, auf einen Meter Länge geschnitten und auf Raummeter aufgesetzt. Ein Raummeter sollte aus einem Drittel Astholz und zwei Dritteln Spaltholz (Scheitholz) bestehen.

Zum Frühjahr hin veranstaltete die Forstwirtschaft eine Losholzauktion. Dabei wurden Nummern versteigert, mit denen die Brennholzstapel im Wald ausgezeichnet waren. Deren Lage war nicht immer vorteilhaft, denn man musste oft weite Zufahrtswege und schwer zugängige Hänge inkauf nehmen, um das Holz nach Hause zu holen. Doch das Los hatte entschieden. Zu dem Raummeter Holz gab es noch das Lesholz (Sommerholz). Dazu steckte der Förster eine gewisse Größe eines Schlages ab und man konnte in Eigenwerbung Knüppelholz von bestimmter Stärke und etwa vier bis fünf Meter Länge auf das Pferde- oder Kuhfuhrwerk laden. Günstig war ein Reiserhaufen zu erwerben. Reisig wurde zum täglichen Feueranzünden und zum Anheizen des großen Holzbackofens für das wöchentliche Kuchen- und Brotbacken benötigt. Die Reiser wurden im Wald zu kleinen handlichen Wellchen gebunden und nicht selten fand sich unter dem Reisig noch ganz ordentliches Knüppelholz.

Für mich war es eine Freude, den ganzen Tag mit der Familie im Wald zu verbringen. Diese Arbeit war nicht sehr schwer, es wurde viel erzählt dabei und Essen und Trinken kamen natürlich auch nicht zu kurz.

Das Frühjahr begann für die Waldarbeiter mit Aufräumarbeiten. Für die Neubepflanzungen wurden freie Flächen geschaffen. Nun kamen die sogenannten Pflanzfrauen zum Einsatz. In den Nachkriegsjahren waren Gruppen mit über 30 Frauen eingestellt. Für viele war es die einzige Möglichkeit etwas Geld zu verdienen.

Hier in unserem Dorf gab es unweit des alten Sportplatzes einen großen, sehr gepflegten Pflanzgarten, zu dem auch eine kleine Blockhütte gehörte. Ich habe immer gestaunt, wie exakt und gepflegt dieses Stückchen Land aussah. In dem Pflanzgarten wurden verschiedene Baumarten ausgesät und pikiert, bis sie zweijährig mit Hilfe einer Pflanzhacke auf den Freiflächen im Abstand von 1 bis 1,5 Meter gesetzt wurden. Danach begannen die Pflegearbeiten in den Pflanzgärten sowie den Neuanpflanzungen im offenen Wald oder in den Schonungen, einem neubepflanzten Kahlschlag, der rundum eingezäunt war, um die jungen Baumpflanzen vor Wildverbiss zu schützen.

Der ganze Wald wirkte sauber und aufgeräumt, denn jedes brauchbare Stückchen Holz wurde nach Hause geholt, manchmal auch die Baumwurzeln. Das geschah nicht immer mit einem Fuhrwerk, sondern auch mit dem Handwagen, der Schubkarre oder sogar in der Kötze. Hatte man seinen Holzvorrat sicher zu Hause, begannen die Sägearbeiten; meistens mit der Bandsäge, die von Hof zu Hof fuhr. Die Holzklötze wurden mit einer scharfen Axt auf einem Hackklotz gespalten und aufgesetzt, um in der Sonne und Luft zu trocknen.

Waldarbeit war eine sehr schwere und nicht ungefährliche Arbeit. Die Bäume wurden mit der langen Blattsäge zu zweit gefällt. Bei sehr dicken Stämmen wurde die Säge auf beiden Seiten noch durch Stricke verlängert und vier Waldarbeiter sägten den Baum in gleichmäßigem Zug ab. Es gehörte viel Erfahrung und Können dazu, dass der Baum in die vorgesehene Richtung fiel. Heute bringen die Motorsägen eine enorme Erleichterung für die schwere Arbeit im Wald, aber der Umgang damit ist auch nicht ungefährlich und erfordert Sachverstand.

Vor der Flimmerkiste

Wie war das eigentlich damals, als wir endlich Informationen, Musik und sonstige Unterhaltung über das Fernsehen bekommen konnten? Ja es war sensationell. Man konnte das alles nun mit den dazugehörigen Bildern empfangen. Zunächst in schwarz-weiß und auch nur auf wenige Stunden am Tag begrenzt.

Anfang der 50er-Jahre wurde der Fernseher zum Teil noch als „Flimmerkiste“ bespöttelt und ihre Anzahl war zunächst gering. Fußballübertragungen, große politische Debatten verfolgte man in den Städten vor den Elektrogeschäften, die einen Fernsehapparat im Schaufenster stehen hatten. Doch das änderte sich bald. In kurzer Zeit hatten Gaststätten Fernsehgeräte angeschafft, schwere Kästen mit relativ kleinem Bild, um Gäste anzulocken und ihnen Unterhaltung zu bieten. Es hat funktioniert! Ich selbst weiß noch, dass wir an manchen Samstagabenden in eine Gastwirtschaft gegangen sind, um Unterhaltungssendungen mit beispielsweise „Der goldene Schuss“ mit Lou van Bourg zu sehen. Oder Peter Alexander mit verschiedenen Musiksendungen, Heinz Schenk mit dem „Blauen Bock“, Peter Frankenfeld als Showmaster von „Vergiss mein nicht“ und „Musik ist Trumpf“. Unvergessen ist auch Hans Rosenthal mit „Dalli dalli“. Hans-Joachim Kulenkampff (Kuli) unterhielt mit der Quizsendung „Einer wird gewinnen“ und Wim Thoelke mit „Der große Preis“. Es gab damals auch schoneinen begnadeten Fernsehkoch: Vico Torriani. Er zauberte zehn Jahre lang in der Fernsehküche schmackhafte (natürlich nur für die Augen) Gerichte und trällerte dabei z. B. sein „Bella, bella Marie“. Auch die Rosenmontagszüge erlebten wir zunächst „live“ in den Gaststätten.

Bis Ende 1960 gab es in Deutschland bereits mehr als eine Million private Fernsehgeräte. Fernsehen nahm trotz aller Einwände an Beliebtheit zu. Seit 1952 sendete die ARD, das ZDF folgte in 1960 und seit Anfang der 60er-Jahre richtete die ARD zusätzlich weitere regionale Sendestationen ein. Über Antennen konnten wir ab 1957 von einer Sendestation am Rimberg, mit einer Masthöhe von 220 Metern erstellt, verschiedene Kanäle erreichen.

Kaum ein Haushalt war ohne Fernsehapparat. Auf fast allen Dächern entdeckte man nun Antennen.

Glocken der Heimat

Wir Menschen gewöhnen uns an alltägliche Geschehnisse. Sie werden zur Gewohnheit und Selbstverständlichkeit. Wird diese Gewohnheit unterbrochen, horchen wir auf und werden nachdenklich. Das stellten wir fest, als die Glocken unserer Gemeinde über Wochen nicht geläutet werden konnten.
Jemand sagte einmal: „Glocken sind die Seele der Kirchengemeinde, sie begleiten den Menschen vom Täufling bis zum Leichengang." Der Glockenschlag bestimmte in früherer Zeit den Tagesablauf.
Feierlich, festlich, ja ehrwürdig wurde das Glockengeläut im Dorf empfunden. Wenn am Sonnabend, das Wort Samstag benutzte man nicht, der Sonntag eingeläutet wurde, ruhte die Arbeit und es war Feierabend im Dorf. Keiner wagte es nach dem Sonntagseinläuten noch zu arbeiten. So musste z. B. bis dahin die Dorfstraße, die damals noch aus Schotter mit seitlicher Wasserrinne (der Konel) bestand, gekehrt und das Futter fürs Vieh eingeholt sein. Am Sonntag dann haben uns Glocken schon eine Stunde vor dem Gottesdienst zum Kirchgang eingeladen. Mindestens eine Person aus der Familie ging dann bei vollem Glockengeläut den Weg zur Kirche.
An den Wochentagen wurde, wie bei uns auch heute noch, dreimal geläutet: Am frühen Morgen um 6.00 Uhr, wenn die

Arbeit begann, mittags um 11.00 Uhr, da spannte der Bauer die Pferde oder Kühe aus, zog zur Fütterung des Viehs und zur Mittagsmahlzeit nach Hause. Mit dem Abendläuten um 19.00 Uhr mussten wir Kinder von der Straße verschwunden sein. Hätte uns da der Lehrer noch spielend vorgefunden, mussten wir am nächsten Morgen in der Schule mit einer deftigen Strafe rechnen.
Bei Unwetter, wie Hagel, Blitz und Hochwasser, wurde „Sturm" geläutet. Alle Bewohner wurden von den Glocken zusammengerufen. Feierliches Geläut gab es an den Sonntagen zum Kirchgang, bei Hochzeiten und zu besonderen kirchlichen Feiertagen. Bei Beerdigungen begleitete das Glockengeläut den Leichenzug von der Wohnung des Verstorbenen bis zu seiner letzten Ruhestätte. Feierlich erklang, auch das bis heute, das Neujahrsläuten. Wenn die Kirchturmuhr zwölfmal geschlagen hat, verkünden die Kirchenglocken das neue Jahr.
Früher wurde noch von Hand geläutet, das heißt, mit dem Ziehen des Glockenseils wurden die Glocken in Schwingung gebracht. Heute übernehmen in den meisten Gemeinden Elektromotoren diese Arbeit.
Im Ersten und Zweiten Weltkrieg mussten in unseren Gemeinden viele Glocken, meistens die größten, abgeliefert werden. Sie wurden zu Waffen eingeschmolzen. Nach dem letzten Krieg gab es 1945 in Hamburg einen Sammelplatz, dem sogenannten Glockenfriedhof. Viele Kirchengemeinden hegten die Hoffnung, dort ihre Glocken wiederzufinden, was sich aber in den wenigsten Fällen erfüllte.
Nach diesen Erlebnissen mahnen uns die Glocken unserer Heimat, dass nie wieder eine Zeit kommen möge, in der

man Glocken zum Schmieden von Waffen aus den Kirchtürmen holen muss.

Es klappert die Mühle am rauschenden Bach

Mühlen wurden von jeher besungen und standen im Mittelpunkt vieler Märchen, Geschichten und Gedichte.
Der Anblick einer Wind- oder auch Wassermühle verbindet sich meist mit der romantischen Vorstellung, dass der Müller die Naturkräfte für sich arbeiten ließ und geruhsam zuschauen konnte. Doch dem war nicht so. Die Müllerei war seit eh und je eine harte Arbeit.
Meist am Ortsrand gelegen, gehörten Mühlen früher zum Ortsbild. In unserem Dorf waren vier Mühlen in Betrieb. Die letzte stellte in den 70er-Jahren den Betrieb ein. Die Mühlen wurden durch Wasserkraft angetrieben, was sich in trockenen Sommern oder sehr kalten Wintern als sehr schwierig erwies. Man leitete das Wasser über eine Holzrinne auf das Mühlrad, das dann das ganze Räderwerk im Inneren des Mühlenraumes antrieb. Diese Räder, die horizontal und vertikal angebracht waren, setzten die Mahlstühle in Bewegung. Bewundernswert, wie dieses alles technisch durchdacht war. Ein Mahlstuhl wurde nur zur Herstellung von Schrot für Futterzwecke eingesetzt, während in dem zweiten Roggen und Weizen zu Mehl ausgemahlen wurde. Der Mahlstuhl bestand aus zwei runden Sandsteinen mit einem Durchmesser von ca. einem Meter. Der untere Stein stand fest, der obere rotierte. Bis Mehl und Kleie (Kleie ein Ab-

fallprodukt für Futterzwecke) getrennt waren, musste das Getreide mehrere Mahlgänge durchlaufen und unbedingt trocken sein. In einer dafür vorgesehenen Wanne wurde das Getreide immer wieder, oft bis zu fünfmal, nach oben auf den Mühlenboden getragen und in den Mahlstuhltrichter geschüttet. Wir können erahnen wie anstrengend die Arbeit des Müllers war.

Lasst doch der Jugend ihren Lauf

Das war unser Motto in den 50er- und 60er-Jahren. Man hatte die Nachkriegszeit mit all den Nöten und Entbehrungen größtenteils überwunden. Wir waren konfirmiert und das Leben gestaltete sich für uns doch schon etwas freizügiger. Man durfte schon mal im Dorf zu einer der wöchentlichen Kinovorführungen, oder wir fuhren mit dem Fahrrad ins Kino in die nächste Stadt. Wir sahen z. B. Filme mit Heinz Rühmann, Liselotte Pulver, Hardy Krüger, Hildegard Knef, viele Revuefilme mit Johannes Heesters, aber auch Liebesfilme mit dem Traumpaar Maria Schell und O.W. Fischer.
In den Gaststätten standen die ersten Fernseher und Musikboxen, die uns natürlich sehr anzogen. Auch an Tanzveranstaltungen teilzunehmen wurde schon mal erlaubt, wenn auch keinesfalls bis nach Mitternacht.
Mit Maien- und Himmelfahrtstanz begannen die sommerlichen Festveranstaltungen. Immer war etwas los und wir freuten uns darauf. Da gab es die Sänger- und Sportfeste, die Heimat- und Trachtenfeste. Hier und da konnten Gemeinden ein großes Jubiläum feiern. Meistens waren die

Veranstaltungen mit Festzügen unter Musikbegleitung verbunden. Später setzten sich stehende Festzüge durch, in denen man altes Handwerk und alte Lebensart gezeigt bekam, verbunden aber auch mit Musik- und Volkstanzvorführungen.
Trugen wir zur Konfirmation noch meistens unsere langen geflochtenen Zöpfe, wurden diese doch bald durch eine Hochsteck- oder Kurzhaarfrisur ersetzt. Die Röcke wurden wesentlich weiter und man ging nicht mehr ohne Petticoat aus dem Haus. Die Petticoats aus Baumwolle, in Rüschen zu mehreren Teilen über- und aneinander genäht, wurden in kräftigem Stärkewasser gespült, damit sie nach dem Trocknen standen. Wir trugen spitze Schuhe mit Pfennigabsätzen oder Ballerinas.
Aus Modezeitschriften und Katalogen bekam man Anregungen. Passende Stoffe gab es nun wieder in großer Auswahl und Schneiderinnen in jedem Dorf.
So langsam setzte sich in den 50er-Jahren auch für Mädchen die Hose durch. Sogar die Latzhose ersetzte in der Landwirtschaft irgendwann die Kittelschürze. Später kamen die heute nicht mehr wegzudenkenden Bluejeans. Wir trugen knielange Caprihosen, ja im Sommer sogar kurze Hosen, was für die Erwachsenen gewöhnungsbedürftig war. Kleine bunte Nickitücher zu Blusen oder Twinsets sahen schick aus.
In den 60er-Jahren wurden die Frisuren immer höher, mit Unmengen von Haarspray in Form gebracht, und die Röcke immer kürzer. Der Minirock wurde oft zu einem Skandal, weil er viel Bein zeigte.
Partykeller wurden eingerichtet, in denen man zu verschiedenen Anlässen mit Plattenspieler oder Kofferradio feiern

konnte. Noch einige Jahre später setzten sich dann in verschiedenen Dörfern die Diskos durch und man tanzte zur Musik von Elvis Presley und den Beatles Rock ’n’ Roll und Twist.

Die Heuernte

Damals, vor 60, 70 Jahren, stand das Gras nicht so üppig wie heute, leuchtete auch nicht so golden, sondern die Wiesen waren mit vielen Gräsern und Wiesenblumen durchsetzt.

In der Regel begann die Heuernte Mitte Juni, je nach Wetterlage. Bevor die Sonne schon früh am Himmel stand, hatte der Vater die Fahrkühe vor die Mähmaschine gespannt, um die Wiese zu mähen, solange die Gräser vom Tau noch feucht waren. Auf der Maschine befand sich ein Sitz, von da aus lenkte er die Kühe und betätigte den Mähbalken.

Wir Kinder mussten mit einem Holzrechen hinter dem Mähbalken herlaufen und ihn sauber halten. Dabei hätte ich am liebsten all die Margeriten, die umgemäht worden waren, als Blumenstrauß mit nach Hause genommen. Doch dazu war keine Zeit. Sie trockneten mit den anderen Gräsern in der heißen Mittagssonne.

Die Kühe hatten nun ihre verdiente Pause, doch wir, die ganze Familie, manchmal auch noch Helfer aus der Nachbarschaft, versahen uns mit einem Rechen und wendeten das in Schwaden liegende Gras. Beim ersten Mal war das Gras noch feucht und schwer. Wir gingen hintereinander und wenn einem auch die Arme wehtaten, man ging in der Reihe und konnte nicht langsamer sein.

Am gleichen Nachmittag, nach dem Kaffeetrinken an der Wiese unter wunderbar schattigen Bäumen – Mutter hatte alles dazu in der Kötze mitgenommen, wurde ein zweites Mal gewendet. Das ging jetzt schon leichter. Wir Kinder wurden ermahnt, das Gras sauber vom Boden aufzunehmen, zu wenden und gleichmäßig zu verteilen – es brauchte Übung.
Nun blieb das Gras noch zwei Tage in der heißen Junisonne liegen, wurde mit dem Rechen hin- und hergewendet und verwandelte sich in duftendes Heu. Es musste bei einer Probe in der Hand auseinanderbrechen. War dies der Fall, konnte geerntet werden.

Das ausgebreitete Gras musste mit dem Rechen mehrmals gewendet werden.

Doch zuvor hatte die Mutter für die Mittagsmahlzeit gesorgt, die an der Wiese eingenommen wurde. Meistens gab es kalte Dörrobstsuppe und Pitzkuchen. Gegen den Durst tranken wir aus der hölzernen Bornkanne frisches Quellwasser, in das ein Stückchen Brotkruste eingelegt war. Frisch gestärkt und erholt ging es nun wieder an die Arbeit. Wieder wurde das Heu in Schwaden gerecht. Mutter musste auf den Wagen steigen, und das Beladen konnte beginnen. Vater schob das Heu auf die große Heugabel und reichte Gabel für Gabel der Mutter an, die sie sorgfältig aneinandersetzte. Eine Gabel rechts, eine links und eine in die Mitte, damit das Ganze Halt bekam. Wir anderen rechten hinter dem Schwad sauber. Es durfte möglichst kein Hälmchen liegen bleiben. Das Futter war kostbar und außerdem sollte die Wiese für alle Vorbeigehenden sauber und ordentlich aussehen.

War nun alles Heu aufgeladen, wurde es mit dem langen Heubaum, der vorne in eine Kette eingespannt und hinten am Wagen mit dem Heuseil fest angezogen wurde, zusammengehalten.

Endlich daheim, wurden zuerst die Kühe in den Stall geführt und mit Wasser versorgt. Nachdem auch wir uns etwas gestärkt und ausgeruht hatten, ging es nun ans Abladen des Heuwagens.

Wir Kinder hatten die Aufgabe, oben in der Scheune das abgelegte Heu festzutreten. Dabei wurde nochmal richtig geschwitzt und es juckte und piekste am ganzen Körper. Doch das machte uns gar nicht so viel aus, denn abgesehen von dem Festtreten hatten wir großen Spaß, von den Balken der Scheune in das frische Heu zu springen.

Kleiner Unfall an der Heuwiese

Herrliches Sommerwetter, ideal für unser Heu! Die Wiese war weit entfernt und das Heu sollte an diesem Tag geerntet werden. Der Vater hatte schon frühzeitig die Kühe eingeschirrt und vor den großen Leiterwagen gespannt. Beladen mit Helfern, Rechen, Gabeln, Trink- und Essvorräten, ging die Reise durch das langgezogene Dorf bis hin zur Wiese.

Zunächst wurden die am vorigen Tag aufgesetzten Heuhaufen wieder ausgebreitet und sorgfältig mit dem Holzrechen gewendet. Nun sollte das gut gedörrte Gras noch einmal in der Sonne richtig austrocknen.

Vor einer Weile hatte die Kirchenglocke schon 11.00 Uhr geläutet und man beschloss, am schattigen Uferrand der Jossa die Mittagspause einzulegen. Mutter hatte dazu schon morgens früh einen großen Berg Pitzkuchen (Waffeln) gebacken. Dazu gab es immer kalte Hafersuppe mit Dörrobst. Die Suppe hatte sie in einer Fünf-Liter-Kanne in einer kleinen Einbuchtung des Baches schön kühl gestellt. Wir freuten uns auf die erholsame Mahlzeit. Doch was war das? Mutter schlug die Hände über dem Kopf zusammen: „Dee Sobb es fod!“ Ja, wie denn, die Suppe war weg? Wirklich, die Kanne war umgefallen und die schöne Suppe vermischte sich mit dem Jossawasser. Man sah nur noch die kleinen Eiweißflöckchen, die eigentlich die Suppe verfeinern sollten, auf dem Wasser schwimmen.

Nun standen wir da mit unseren leeren Tellern um die Pitzkuchen. Unser Trinkwasser war auch schon ziemlich verbraucht. Was nun? Vater knerwelte (schimpfte), doch Mut-

ter hatte sich vom Schreck erholt: „Ihr zwei (gemeint waren meine Schwester und ich), lauft schnell zur Heipel-Tante und lasst eine Kanne Kaffee kochen!“
Zum Glück wohnte die gute Tante ganz in der Nähe und es gab nun eben Pitzkuchen mit Kaffee. Dadurch hatten wir zwar eine längere Mittagspause, die aber dem Heu, den Kühen und den Menschen nicht geschadet hat. Viel schlimmer für alles und alle wäre ein hereinbrechendes Gewitter gewesen.

Familie, Hof und Garten

Früher waren die Familien größer. Drei, vier und mehr Kinder waren die Regel. Meistens lebten die Großeltern mit im Haus, oftmals auch eine ledige Tante oder ein Onkel. Die Großeltern, also „die Altenteiler“, hatten zwar ihr eigenes Reich, was sich aber meistens nur auf das Schlafzimmer beschränkte. Alle lebten in einer Familiengemeinschaft, oft drei Generationen unter einem Dach. Da ging es natürlich nicht immer harmonisch zu, dennoch war man aufeinander angewiesen.
Die Küche bildete das Zentrum im Haus. Man traf sich nicht nur zu den Mahlzeiten um den großen Esstisch, sondern so manches nachbarliche Gespräch fand hier statt. Besucher und Händler wurden in der Küche empfangen. Durch den holzgefütterten Herd war es hier immer warm und gemütlich, während das Wohnzimmer, die „gute Stube“, nur zu ganz besonderen Anlässen benutzt wurde. Die Kleinsten spielten in der Küche und die Schulkinder machten hier

ihre Hausaufgaben. Ja, sogar frisch geschlüpfte Gänschen, Enten oder Hühnchen wurden erst einmal am Küchenherd aufgewärmt.

Die Großeltern lebten als „Altenteiler“ auf dem Hof und hüteten die Enkel.

Die Küche diente auch zur Körperpflege. In den großen Abgussstein kam abwechselnd die Spülschüssel für das schmutzige Geschirr oder die Waschschüssel. Warmes Wasser hatte man immer vom Herd zur Verfügung. Über der Spüle befand sich der Spiegel. Nebenan an der Wand eine Hakenleiste für die Hand- und Geschirrtücher, verdeckt durch ein schönes besticktes Ziertuch. Darüber befand sich eine Ablage für Seife und Zahnbürste, daneben der Kammkasten. Samstags wurde die große Zinkwanne in die Küche getragen und nacheinander darin gebadet. Manche Familien besaßen im Keller schon eine Waschküche, in der man im großen Waschkessel für Badewasser sorgte, um dort das wöchentliche Bad zu nehmen.

Gingen Vater und Mutter der Stall- und Feldarbeit nach, waren die Kinder in der Obhut der Großeltern. Opa kümmerte sich um Hofarbeiten, solange es seine Kräfte erlaubten, war aber immer auch für die Kleinen erreichbar. Oma war vorwiegend für die Zubereitung der Mahlzeiten zuständig und kümmerte sich um den Gemüsegarten, meist mit einem Enkelchen an ihrer Seite.
Für eine bäuerliche Großfamilie war auch der Gemüsegarten entsprechend groß. Man war auf eigene Erzeugnisse angewiesen. Butter, Quark und Käse, wenn nicht von der eigenen Milch hergestellt, bekam man aus der Molkerei, Mehl gegen Getreide aus der Mühle. Es gab auch einige Läden im Dorf, die uns mit dem versorgten, was wir selbst nicht hatten. Neben dem Gemüsegarten kümmerte sich die Großmutter auch um die Hühner, Gänse, Enten und Puten, oft auch noch die Stallhasen.

Die Bäuerin kümmerte sich hauptsächlich um Haus und Garten. Auch die Versorgung der Hühner gehörte zu ihren Aufgaben, unterstützt von der Großmutter.

Im Frühjahr war mit der Ausstellung des Gartens so viel zu tun, dass sie von der Mutter unterstützt wurde. Beete wurden fein krümelig für Gemüse wie Möhren, Zwiebeln, Erbsen, auch Blumen, vor allem aber für Pflanzgut vorbereitet. Pflanzen bekam man nicht wie heute aus der Gärtnerei. Sie wurden im Garten vorgezogen wie z. B. das Rot- und Weißkraut sowie Wirsing, Steckrüben, Lauch und Rüben. Man hatte zwar schon im April Rüben in Reihen auf dem Feld ausgesät, die zwar nicht so wetterabhängig, aber doch sehr arbeitsintensiv waren. So pflanzte man noch bis Mitte Juni einen Teil Rüben auf ein in Dämmen gut vorbereitetes Stück Feld, ebenso die Krautpflanzen. Allerdings musste der Ackerboden die nötige Feuchtigkeit haben, damit die Pflänzchen anwachsen konnten. Der 9. bis 12. Mai waren die Gurken- und Bohnentage. Bohnenstangen wurden in Reihen mit etwa 50 Zentimeter Abstand in die Erde gesteckt, gut gestützt und miteinander verbunden, damit sie bis in den Herbst Wind und Wetter standhalten konnten. Bohnensamen wurde in gleicher Zahl um die Stangen in die Erde gelegt – man sagte: nur so tief, dass sie das Glockenläuten hören.

Weiße Buschbohnen zum Ausreifen steckte man vielfach auch an eine Randreihe im Feld. Bohnen ergaben neben Kraut und Lauch ein wichtiges Wintergemüse.

Waren die Sä- und Pflanzarbeiten beendet, begann auch schon nach dem Rhabarber die Beerenernte, beginnend mit herrlichen Erdbeeren. Gefolgt von roten und schwarzen Johannis- und Stachelbeeren. Nun brach die Vorratshaltung nicht mehr ab. Was nicht frisch auf den Tisch kam, wurde eingeweckt oder zu Saft und Marmelade verarbeitet.

Ein Garten war mit viel Arbeit verbunden, brachte aber auch große Freude.
Mit Stolz konnte man Obstregale und Vorratskeller füllen und dem Winter getrost entgegensehen.

Zwischen Heu- und Kornernte ...

... war die Zeit nach der Heuernte im Juni und vor der Getreideernte, die Mitte Juli begann. Eine Zeit, in der die Bauern noch einmal durchatmen und zur Ruhe kommen konnten, denn die Getreideernte konnte sich über Wochen bis in den Herbst hineinziehen.
Für den größten Teil der Dorfbevölkerung, Alt und Jung, waren diese Wochen außerdem eine besondere Zeit, weil auch die Heidelbeeren reif waren. Meistens hatten die Sommerferien schon begonnen und in Urlaub zu fahren war in früherer Zeit im Dorf kein Thema. Man nutzte die Gelegenheit, um sich mit Heidelbeerpflücken ein wenig Taschengeld zu verdienen. Für manch eine Familie war es eine gute Nebeneinnahme. Wir gingen zu zweit oder in kleinen Gruppen schon früh am Morgen los, bestückt mit Vesper (man blieb oft den ganzen Tag im Wald) und Pflückgefäßen. Letztere waren je nach Alter und Pflückeifer verschieden groß und reichten vom kleinen Milchkännchen über den zehn Liter Eimer bis zur Kötze, die fast einen halben Zentner Beeren aufnahm. Im Wald herrschte reges Leben, doch die einzelnen Gruppen hatten untereinander wenig Kontakt. Man wollte nicht gestört sein und suchte immer nach den ergiebigsten Stellen. Die boten sich vor-

wiegend in Kiefern- und Mischwäldern oder auch in jungen Schonungen. Wir pflückten in den Wäldern unserer Umgebung und nahmen dabei viele Kilometer Anlaufweg in Kauf sowie den beschwerlichen Nachhauseweg mit der Last der geernteten Beeren.
Für den Verkauf gab es im Ort zwei Annahmestellen, und es sprach sich schnell herum, bei wem am besten bezahlt wurde. Oft handelte es sich nur um Pfennigbeträge bei einem Verkaufspreis, der um die 16, 20 oder 25 Pfennige pro Pfund lag. Man kann sich die Preise heute kaum vorstellen, doch wir waren stolz, unser Geld selbst verdient zu haben.

Sommerzeit, Ferienzeit

Sommerzeit ist Ferienzeit und Reisezeit: In unserer Kindheit auf dem Dorf waren die Sommermonate Erntemonate und besonders arbeitsintensiv. Urlaub konnten meine Eltern mit uns nicht machen. Die Tiere im Stall mussten versorgt werden und auf den Feldern gab es viel zu tun. Dennoch haben wir nichts vermisst. Gern denke ich an die Heimfahrten auf dem voll beladenen Garbenwagen während der Getreideernte. Ich spürte ein mulmiges Gefühl in der Magengegend, wenn das „Garbenhochbett" aufgrund des schlechten Wege- und Straßenzustands allzu sehr ins Schaukeln geriet. Krampfhaft habe ich mich am „Heubaum" versucht festzuhalten.
Der Sommer bot uns viele Spielmöglichkeiten in der Natur. Als wir noch zu klein waren, um auf den Feldern mitzuarbeiten, spielten wir in angrenzenden Waldstücken oder

bauten Straßen und Burgen mit dem Schwemmsand auf den Feldwegen. Überhaupt hatte es uns der Wald angetan. Nicht nur zurzeit der Heidelbeerreife durchstreiften wir die Wälder.

Für mich ist Kindheit und Sommerzeit verbunden mit sonntäglichen Feld- und Waldspaziergängen an der Seite des Vaters. Er machte uns aufmerksam auf das, was da kreuchte und fleuchte, auf Vögel, Schmetterlinge, Käfer, auf Vogelnester und die Hügel der fleißigen Waldameisen. Wir fanden an sonnigen Waldrändern kleine süße Walderdbeeren und im Schatten Stellen, an denen gelbe Pfifferlinge aus dem weichen Laub- und Moosboden leuchteten. Heckenrosenbüsche und pinkfarbene Fingerhüte zwischen zarten Gräsern säumten unseren Weg. Ebereschen mit ihren korallenroten Beeren leuchteten schon von Weitem. Auf dem Heimweg gingen unsere Blicke über goldene Ährenfelder und man lernte die Ehrfurcht vor diesem Wachsen und Reifen. Die Ehrfurcht vor dem Korn, das einmal zu Brot werden sollte. Solche Sommertage drangen tief in mein Bewusstsein ein.

Doch an Tagen glühender Hitze hielt uns Kinder nichts davon ab, in der Jossa baden zu gehen. Als wir dann etwas älter waren, durften wir dann schon per Fahrrad bis Niederjossa-Solms fahren, um in der Fulda zu baden. Überhaupt war man viel mit dem Fahrrad unterwegs. Unsere Ziele waren die nahe gelegenen Städte zwischen Hersfeld und Bad Salzschlirf und hoch auf den Eisenberg. Jugendliche unternahmen schon Urlaubsfahrten mit dem Rad bis zum Edersee, in den Schwarzwald und bis an den Bodensee.

Autos gab es Ende der 40er- und Anfang der 50er-Jahre kaum in unseren Dörfern. Wenige Familien verbrachten die

Ferien an der See oder in den Bergen. Städter besuchten ihre Verwandten auf dem Land, nicht nur der Erholung wegen, sondern auch, um bei der Ernte zu helfen. Ihre Kinder bekamen Kontakt zu all den vielen Tieren auf den Höfen und auch zu uns Dorfkindern. Im Gegenzug verbrachten wir einige Male einen Teil der Ferien bei unseren Verwandten in Kassel.

Was war es aufregend, mit der Eisenbahn über so viele Kilometer und Stunden in eine Großstadt zu fahren. Alles war anders: Menschen eilten grußlos aneinander vorbei. Straßenbahnen und Autos füllten die Straßen. Die Geräusche bei Nacht waren so anders als zu Hause. Es gab keine Stille und auch keine Dunkelheit.

Überall sah man Baustellen, Geschäfte entstanden und die ersten Kaufhäuser, in denen man fast alles kaufen konnte. Es gab Eisstände und nachmittags Filmvorführungen für Kinder. Eindrucksvoll und unvergessen sind aber auch die vielen Ruinen und Trümmerberge, die an schreckliche Kriegszeiten erinnerten.

Ungeachtet dessen spielten wir Kinder in den Ruinen Verstecken, was eigentlich verboten war. Wir liefen in der Sommerhitze durch die Trümmerstadt bis zur Fuldaaue zum Baden.

Auf vielen Bauernhöfen und in ländlichen Gastwirtschaften entwickelte sich ein neuer Betriebszweig: Ferien auf dem Land. Es entstanden Ferienwohnungen und Gästezimmer. Land- und Stadtbevölkerung kamen sich näher. Viele langjährige Freundschaften wurden geschlossen.

Reisebüros vermittelten Anfang der 50er-Jahre die ersten Reisen nach Italien an die Adria, zunächst noch mit der Eisenbahn. Auch von der Schule aus wurden vor den großen Sommerferien Busfahrten organisiert. In der Regel fuhr jeder Jahrgang einmal nach Kassel in den Bergpark Wilhelmshöhe oder in den Frankfurter Zoo. Ein beliebtes Reiseziel war auch die Wartburg bei Eisenach, was für uns nach dem Krieg durch die Besatzungszone nicht mehr möglich war.

Sommervergnügen

Kürzlich habe ich meiner Enkelin die Stelle im Fluss gezeigt, wo wir als Kinder schwimmen gelernt haben, als es noch keine Frei- und Hallenbäder gab. Sie war sehr erstaunt, fast ungläubig. Ja, ich selbst konnte es mir kaum noch vorstellen.

Am Rand der Vetterschen Jossawiese gab es ein breites Flussbett. Durch ein Wehr in Richtung Biebermühle wurde das Wasser gestaut und erreichte so gerade an dieser Stelle auch die nötige Tiefe, um überhaupt schwimmen zu können. Voraussetzung war natürlich, dass die Wiese, die wir links vom Bahnhof über die Bahnschienen und einen Steg erreichten, schon abgeerntet war. Es entstand bis zum Bach ein Trampelpfad und am Ufer ein Liegeplatz. Für uns Kinder in der Jossa baden zu können, war der größte Sommerspaß. Auch die Jugendlichen nutzten die Möglichkeit, sich nach Feierabend in dem kleinen Fluss abzukühlen und ein paar Schwimmübungen zu machen. Wer einen aufgeblasenen Gummireifen dabei hatte, wurde natürlich beneidet, obwohl man ihn sich auch mal ausleihen konnte. Manche hatten auch genähte Schwimmkissen aus festem Gewebe, die, sobald sie nass waren, die eingeblasene Luft eine Zeit lang

hielten, aber immer wieder neu aufgeblasen werden mussten. Oft mussten wir Kinder ermahnt werden, endlich aus dem Wasser zu kommen, weil die Lippen sich schon blau färbten. Wir konnten einfach nicht genug bekommen.
Auf dem Nachhauseweg gönnten wir uns noch etwas Gutes, sofern wir ein paar Groschen in der Tasche hatten. In der Dorfmitte an der Hauptstraße gab es eine Eisdiele – ein kleines Häuschen, in den Nachkriegsjahren errichtet und von einem jungen Ehepaar geführt. Dort gab es frisch zubereitetes Eis. Das war natürlich noch einmal der Höhepunkt eines frohen Sommertages, bevor wir Freundinnen auseinandergingen.
Jahre später entstanden dann die ersten Schwimmbäder in Schlitz oder Kirchheim.

Überraschung aus Amerika

Sommer 1945 – der Krieg war vorbei. In den Städten wohnten viele Familien notdürftig in den Trümmern, Flüchtlinge eng zusammen in Baracken und überall herrschten Hunger und Not.
Da ging es uns in den Dörfern doch um einiges besser. Fast alle Bewohner betrieben etwas Landwirtschaft. Flüchtlinge und Vertriebene bekamen ein Stückchen Acker zugewiesen, auf dem sie einen kleinen Garten anlegen konnten. Man half sich vielfach gegenseitig. In der Schule gab es von den Amerikanern eine tägliche Schulspeisung in Form von Suppen, Puddings und Kakao. Dennoch musste man noch viele Entbehrungen in Kauf nehmen, aber man hatte überlebt.

„Mama, Mama“, so schallte es im Spätsommer 1945 durch das Haus, „komm schnell der Briefträger ist da. Er bringt uns ein Paket!“ Mutter kam ungläubig die Treppe herunter und meinte: „Ach Keind, bär well ous awer e Baget scheck.“ Doch tatsächlich, der Briefträger wartete am Hof und hatte ein großes Paket mit vielen Aufklebern in seinem Fahrradanhänger. Es war an uns adressiert und er wartete auf die Empfangsbestätigung. „Ja Anna, freu dich, es ist wirklich für euch“, erklärte er der immer noch ungläubigen Mutter, „und stell dir vor, es kommt aus Amerika!“ Nun war die Mutter sprachlos. Ein Paket aus Amerika? Sie versuchte die vielen Aufkleber zu entziffern und suchte nach einem Absender. Es war ein Paket von Helene, der Schwester ihres Mannes, die 1921 wie viele aus Nordhessen nach Amerika ausgewandert war.
So eine Überraschung! Abends sollte es gemeinsam geöffnet werden. Alle konnten kaum erwarten, bis der Vater endlich von der Arbeit nach Hause kam. Er war genauso erstaunt. Mit seinem Taschenmesser durchschnitt er in aller Ruhe die Paketschnur. Uns Kindern dauerte das alles viel zu lange. Als erstes kam uns ein fremdartiger Geruch entgegen, undefinierbar. Doch dann rief die Mutter: „Seht nur, Schokolade, Kaffee, Tee, Kakao.“ Der Küchentisch wurde fast zu klein für all die herrlichen Sachen. Ein paar feine Schuhe und Seidenstrümpfe für Mutter und Rauchwaren für den Vater. Mehrere kleine Dosen, deren Inhalt wir aber nicht entziffern konnten. Eine bunte Zeitschrift, die wir auch nicht lesen konnten. Trotzdem war sie für uns faszinierend. Wir sahen darin erstmalig Wolkenkratzer, Häuser, die bis in den Himmel reichten. Riesige Autos fuhren auf mehrspurigen Straßen, elegante Damen präsentierten Kleidung. Es

kamen Buntstifte und Malhefte zum Vorschein. Doch für uns Kinder war ein kleiner bunter Gummiball das Größte. Wir kannten ja nur Bälle aus Stoff, gefüllt mit Sägemehl. Unglaublich, was sich vor uns auf dem Tisch aufgetürmt hatte. Diese Überraschung war nicht zu überbieten, nicht mal an Weihnachten. Wie schade, dass unsere Tante im entfernten Amerika diese Freude nicht miterleben konnte. Doch unsere Dankesbriefe gingen später zu ihr über „den großen Teich".

Unser täglich Brot

Es ist ein weiter Weg vom ausgesäten Korn bis hin zum fertigen Brot, das wir heute in so großer Vielfalt kaufen können. Das Brot der Mutter, im Dorfbackhaus gebacken, war und bleibt aber das beste!

Der Backtag stand bis in die 50er-Jahre, je nach Größe der Familie, alle zwei bis drei Wochen auf dem Programm der Landfrau.

Bevor man mit den Vorbereitungen begann, war der erste Schritt am Tag zuvor das „Backspiel". Pünktlich zum Elf-Uhr-Läuten trafen sich die Backfrauen in der Nähe des Backhauses, um auszulosen – daher der Name „Backspiel". Aus einer Schürze wurden nummerierte Holzbrettchen gezogen, um die Reihenfolge des Backens festzulegen. Keine wollte gern die Erste sein, denn der Backofen war kalt, besonders in den Wintermonaten, und das Anheizen kostete viel Brennmaterial. Zum Anzünden verwendete man Reiserwellchen. Geheizt wurde dann mit etwa 70 Zentimeter langen Buchenholzscheiten. Diese mussten gut im Ofen verteilt werden und zu Holzkohle und Asche verglühen, die danach mithilfe eines „Kesstes“ wieder herausgekratzt wurde. Mit einem feuchten Sack, an den Kesst geschlungen, säuberte man die heißen Steinplatten. Dann musste erst eine Temperaturprobe genommen werden: Eine Kornähre wurde durch den Backofen gezogen. Verbrannte diese oder wurde sie schwarz, war die Hitze noch zu stark und man musste mit dem Einschießen warten.

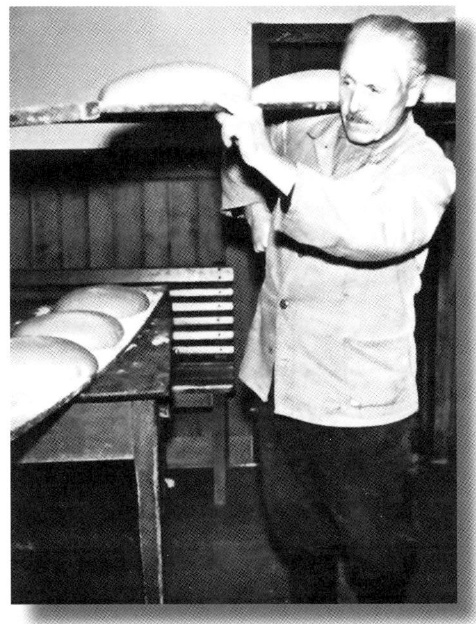

Die geformten Brotlaibe wurden im Backhaus oder im Ofen des Bäckers gebacken.

Dem Einschießen des Brotes war die Herstellung vorausgegangen. Mithilfe von etwas Sauerteig, man hatte ihn entweder getrocknet zur Verfügung oder holte etwa ein Kilo frisch beim Bäcker, wurde am Abend vor dem Backen gesäuert. In einem hölzernen Trog vermengte man Sauerteig mit Mehl, Salz und warmen Wasser zu einer festen, aber noch breiigen Masse, dem Vorteig. Bevor die Mutter den Trog mit einem weißen Leinentuch abdeckte, um ihn vor Zugluft zu schützen und über Nacht ruhen zu lassen, zog sie mit der Hand drei Kreuze in den Teig – das Segenszeichen.

Am nächsten Morgen war dann schwere Arbeit zu leisten. Der aufgegangene Vorteig musste zu festen Brotlaiben verarbeitet werden. Immer wieder wurde Mehl zugefügt und mit beiden Händen verknetet, bis der Teig die richtige Konsistenz hatte.

Die Menge im Trog ergab etwa acht bis neun Brote, die zum nochmaligen Gehen auf zwei Brot- oder Backdielen gesetzt wurden, um dann endlich mit der Schubkarre oder auch einfach auf der Schulter getragen zum Backhaus gebracht wurden. Um für einen Backvorgang den Ofen zu füllen, taten wir uns mit einer Nachbarin zusammen. War die Backtemperatur richtig – manchmal musste zwischen den Gebäcken noch mal nachgeheizt werden – konnten endlich die Laibe mithilfe des „Halers“ in den Ofen eingeschoben werden. Für uns Kinder blieb noch Platz genug für ein Apfellaibchen: Ein Apfel, eingehüllt in Brotteig, knusprig braun gebacken, war eine besondere Leckerei.

Nach etwa zwei Stunden Backzeit wurde aus der Mitte des Ofens ein Brot zur Probe herausgeholt und abgeklopft. Am Klang erkannte die erfahrene „Backfrau“, ob es richtig durchgebacken war.

Um den braunen Laiben Glanz zu geben, wurden sie schnell mit etwas Salzwasser überbürstet und dann zum Auskühlen an die Seite auf Roste abgelegt.

Der Ofen hatte nun aber noch genug Hitze, um köstliche Brot- und Hefekuchen mit herzhaftem oder süßem Belag zu backen. Wer erinnert sich nicht noch an Zwiebelkuchen, Madde- und Schmand- sowie Gremmel- und Obstkuchen frisch aus dem Backhaus?
Alle Mühe und Anstrengung war vergessen, wenn stolz Brote und Kuchen nach Hause gebracht wurden. Dieser Vorrat wurde im Keller in einem luftdurchlässigen Brotschrank gelagert. Der Kuchen fand gleich beim nachmittäglichen Kaffeetrinken schon eine große Zahl an Abnehmern.
So nach und nach wurde es still um unsere Backhäuser, Brot kaufte man oder tauschte es gegen Mehl bei den Bäckern im Dorf. Zunächst wurden die Kuchen samstags zum Backen in die Backstube gebracht, bis die Elektroherde in die Küchen einzogen und auch diese Arbeit übernahmen.

„Ist wohl eine andere Zeit, wenn man den Weizen schneid" …

… heißt es in einem alten Lied, und das hat auch heute noch Bedeutung. Die Zeit der Getreideernte ist die arbeitsreichste Zeit des Sommers, in der dem Feld die „Krone" genommen wird. Jedoch kann sich der Jungbauer auf seinem Mähdrescher mit ca.3–4,5 Meter Schnittbreite heute kaum noch vorstellen, welch schwere und aufwendige Arbeit die Getreideernte früher war.
Alles konzentrierte sich auf die Ernte, die sich über Wochen bis in den September hinzog, alles andere war zweitrangig. Alle verfügbaren Kräfte mussten zusammenwirken.

Auch die Kinder mussten mithelfen. Wurde das Getreide in alter Zeit mit der Sense gemäht, setzte sich Anfang des 20. Jahrhunderts die gezogene Mähmaschine mit Messerbalken durch und brachte über die Jahrzehnte eine große Erleichterung. Aus heutiger Sicht war der Arbeitsaufwand dennoch enorm hoch. Viele Hände wurden gebraucht, um die gemähten Halme mit der Sichel aufzunehmen und ordentlich zu bündeln.

Die Garben wurden zum Trocknen zu Hocken aufgestellt.

Diese wurden dann, vorwiegend von Frauen und älteren Kindern mit Getreidehalmen (Lenseln) zusammengebunden. War alles Getreide aufgenommen und gebündelt, mussten noch die Garben zum Trocknen in Hocken aufgestellt werden.
Jede Hocke bestand aus neun Garben. Die mittlere wurde von vier Garben gestützt und die entstandenen Lücken nochmals mit vier Garben ausgefüllt. Um bei ungünstiger Witterung das Auswachsen der Ähren zu vermeiden, setzte

man, vor allem bei Hafer, eine zusätzliche Garbe als Hut kopfüber über den Getreidehaufen. Die schwere Arbeit zog sich bis in den Abend hinein.
In den 30er-Jahren hielt der Getreidebinder auf den Höfen seinen Einzug. Jetzt erübrigte sich das Aufnehmen und Binden der Halme. Sie wurden von der Maschine gemäht, mit einem Sisalfaden zusammengeknüpft und in gleichmäßigen Reihen abgelegt. Die Helfer mussten nur noch die Garben aufstellen. Welch eine Erleichterung!

Mit dem hoch beladenen Wagen ging es zurück zum Hof - immer ein Balanceakt.

Dennoch war die Erntearbeit damit nicht abgeschlossen. Man benötigte gutes Wetter zum Nachreifen und Trocknen der Getreidekörner in den Garben. Das Aufladen und Einbringen der Ernte war dann noch mal eine Aufgabe, die alle Beteiligten, Mensch und Tier, mobilisierte und viel Sorgfalt, Kraft und Schweiß erforderte. Der lange Leiterwagen wurde „gerüstet“ und mit dem großen leinenen Getreidetuch, dem Gelengtuch, ausgeschlagen, auf dass keine ausgefallenen Körner verloren gingen. Das Laden, oft Arbeit der Frauen, konnte beginnen. Es erforderte Umsicht und Geschick. Mit langen, zweizinkigen Gabeln reichten Männer Garbe um Garbe nach oben. War der Wagen nach sieben bis acht Schichten hoch genug gepackt, wurde ein langer Baum darüber gelegt. In Kette und Strick eingespannt, gab er dem Wagen für die oft weite Heimfahrt bis in die Scheune Halt. War die letzte Fuhre in der Scheune abgeladen, war das ein froher und dankbarer Augenblick. Alle Mitwirkenden atmeten auf, bis bald darauf die Dreschmaschine von Hof zu Hof zog und wieder alle Kräfte beanspruchte.

Getreidedreschen im Wandel

Aus Erzählungen weiß man um das Dreschen mit dem Dreschflegel. Er besteht aus einem Handstock, einer beweglichen Verbindung (einem Lederriemen), und dem Schlagholz. Die Drescher standen sich paarweise gegenüber und schlugen ihre Flegel im Takt auf das am Boden ausgebreitete Getreide. Es wurden dabei rhythmische Sprüche gerufen oder Lieder gesungen. Der Takt war wichtig, damit die Flegel nicht gegeneinander schlugen. Das Getreide wurde bis zu dreimal gewendet, bevor das leere Stroh ausgeschüttet und die Streu gesiebt und so vom Korn getrennt wurde. Ein heute unvorstellbar langwieriger Arbeitsgang, bis so Fuhre um Fuhre durchgedroschen war.
Allmählich setzte sich Anfang der 20er-Jahre der Einsatz der Dreschmaschine durch. Auf den Dörfern entstanden Dreschgenossenschaften. Dreschmaschinen zogen nun

von Hof zu Hof, angetrieben zunächst von einer Dampfmaschine, die mit Kohle und Holz befeuert wurde, bis dann ein Schlepper Transport und Dreschbetrieb übernahm. Später kam ein elektrischer Maschinenwagen dazu, der die Dreschscharbeit in Gang hielt.
Um die 20 Helfer wurden gebraucht, um die Garben anzureichen, das Sisalseil aufzuschneiden und die Halme vorsichtig einzulegen. Anfangs musste das anfallende Stroh hinter der Dreschmaschine noch von Hand zusammengebunden werden, bis dann die Strohpresse entwickelt war. An der Vorderseite der Maschine befanden sich Halterungen, in denen Säcke zur Aufnahme der ausgedroschenen Körner eingeklemmt wurden. Schwer war das Körnertragen, bei Weizen oft 1,5 bis 2 Zentner in einem Sack. Der Weg zur Lagerstätte war manchmal weit und führte meistens über viele Stiegen auf den Hausboden. In den 50er-Jahren übernahm ein Körnergebläse diese Schwerstarbeit. Nicht zu vergessen, dass die Spreu unter und seitlich der Dreschmaschine gefegt werden musste. Meistens wurde das von zwei Frauen übernommen, die die anfallende Spreu in großen Futterkörben zur Miste trugen, von wo aus sie später als Humus wieder auf den Wiesen landete. Man kann sich vorstellen, welch stachelige, staubige, unangenehme und auch ungesunde Tätigkeit dieses Fegen war.
Ein Dreschtag begann in der Regel früh um sechs Uhr am großen mit Kaffee und Kuchen gedeckten Tisch. Eine Frühstückspause gab es später. Bei den Mahlzeiten wurde Wert auf gutes und kräftiges Essen gelegt, wie es der schweren Arbeit ja auch angemessen war. Zwischendurch gab es einen klaren Schnaps, der bei dem vielen Staub und Dreck durchaus seinen Sinn hatte. Nicht bei allen Bauern dauerte

das Dreschen einen ganzen Tag. Oft konnte die Maschine schon am Mittag auf einem anderen Hof eingesetzt werden. Die sogenannten „kleinen Leute“ bekamen in der Genossenschaftsdreschhalle einen Platz zugewiesen, um ihr Getreide dort bis zum Dreschen zu lagern und dann an Ort und Stelle zu dreschen. Bauern, bei denen man tagelöhnerte, sorgten für den Transport von Körnern und Stroh zu den jeweiligen Anwesen. Bäuerliche Familien halfen sich gegenseitig und man war um die 14 Tage zum Gegenhelfen unterwegs.
In den 60er-Jahren setzten sich, wenn auch unter großer Skepsis der älteren Landwirte, die Mähdrescher durch. Man wollte zunächst nicht glauben, dass sie sich bei den nordhessischen Witterungs- und Bodenverhältnissen bewähren würden. Mit den Jahren wurden die landwirtschaftlichen Betriebe weniger und immer größer. Durch die Weiterentwicklung der Mähdrescher bis zu einer Schnittbreite von 3–4,5 Meter und entsprechendem Dreschvermögen ist heute ein Getreidefeld in kurzer Zeit abgeerntet. Überschüssiges Stroh wird gleich gehäckselt und der Acker steht sofort wieder zu Weiterbearbeitung bereit. Eine unglaubliche Entwicklung hat sich auf unseren Höfen vollzogen. Ohne all die technischen Neuerungen wäre eine Bewirtschaftung mit den wenigen vorhandenen Arbeitskräften auch gar nicht mehr möglich.

Dass er bloß nicht anbrennt

Herbstzeit ist Erntezeit: Es galt, Vorräte für Mensch und Vieh zu schaffen. Die Familien waren groß und es musste für die langen Wintermonate vorgesorgt werden. Wir kannten weder Kühl- noch Gefriereinrichtungen. Supermärkte, in denen man zu jeder Jahreszeit frisches Obst und Gemüse kaufen konnte, waren uns fremd. Man nahm vorlieb mit dem, was uns Feld und Garten wachsen ließen. Zur Vorratshaltung diente das Trocknen, Einsalzen und Einlegen, z.T. schon Sterilisieren und Einmieten.
Eine Art der Haltbarmachung an die ich mich besonders gern erinnere, war das Zwetschenmuskochen im großen Kupferkessel – eine aufwendige Aktion. Im September, wenn dicke Herbstnebel sich auf Baum und Strauch legten, waren die einfachen Hauszwetschen reif. Sie waren überall in den Gärten und an den Hängen der Feldgemarkung zu finden. War der richtige Zeitpunkt zur Ernte gekommen, wurde gepflückt, geschüttelt und in Kötzen und Körben aufgesammelt.
Je nach Größe des Kessels benötigte man wenigstens 50 Kilogramm Früchte, die am Abend vor dem Muskochtag in geselliger Runde entsteint und mithilfe des großen Schlachtfleischwolfs zermahlen wurden. In der Mitte des Küchentischs stand ein großes Gefäß für die entsteinten Früchte, drum herum im Kreis fleißige Hände, auch aus der Nachbarschaft, die die vielen Zwetschen ohne ein Messer „aufpitzten“. Messer wurden nur benötigt, wenn ein Stein gar zu hartnäckig war oder eine Frucht vom Wurm gereinigt werden musste. Es wurde so wenig wie möglich zum Abfall

gegeben. Dies geschah alles unter fröhlichem Erzählen. Neuigkeiten wurden ausgetauscht und die Stunden vergingen im Nu bis in den späten Abend hinein.
Der Vater stand am Fleischwolf und drehte die Früchte durch, die dann am anderen Morgen in den Kessel bis fast zum Rand gefüllt wurden.
Waren die Haushalte kleiner oder gab es wenige Zwetschen zu ernten, wurde auch in Gemeinschaft gekocht. Zwei bis drei Familien taten sich zusammen, befüllten den Kessel zu gleichen Teilen, wechselten sich beim Rühren während des langen Kochvorgangs ab und das fertige Mus wurde ebenso wieder geteilt.
Für mich eine besonders schöne Erinnerung: Die Eller (Großmutter) kam schon am frühen Morgen zu Fuß aus dem Nachbarort, um wie in jedem Jahr das Musrühren zu übernehmen. Das geschah mithilfe des Musrührers – ein Gerät aus Holz an einem etwa ein Meter langem Stiel, mit dem das Mus ständig bis auf den Kesselboden bewegt wurde, damit es nicht anbrannte. Um das zu verhindern, war auch die Feuerung unter dem Kessel ausschlaggebend. Sie musste so stark sein, dass der Kesselinhalt kochte, aber so schwach, dass es nicht zum Anbrennen kam.
Stunden um Stunden wurde gerührt bis in den späten Nachmittag. Je mehr sich der Früchtebrei verdickte, umso größer wurden die Spritzer an den Wänden und vor allem auf dem Arm der Rührerin, die manchmal sogar kleine Brandblasen hinterließen.
Mit einem Holzspachtel wurde zwischendurch immer der Kesselrand bis zum Mus sauber gehalten, um ein Verkrusten und Anbrennen zu vermeiden. Zum Ende hin wurden der Zucker und die Gewürze dazu getan. Zucker je nach

Süße der Früchte. An Gewürzen, Zimt und Nelken und, wenn es zu bekommen war, fertiges Musgewürz.
Zum Ende der Kochzeit musste das Mus die richtige Beschaffenheit haben. Es musste glänzen und bei einer Probe auf einem Teller durfte sich kein wässriger Rand bilden. Von Mund zu Mund wurde probiert, für gut befunden und dann in kleinere Steinguttöpfe ausgefüllt. Um das Mus über ein ganzes Jahr sicher haltbar zu machen, stellte die Mutter die gefüllten Töpfe nochmals in die heiße Backröhre. Sie bekamen eine feste, undurchlässige Oberschicht, wurden nach Erkalten mit Pergament zugebunden und zu all den anderen Vorräten in den Vorratskeller gestellt.
So langsam verflog auch der wunderbare Geruch des Muskochens, der das ganze Haus durchzogen hatte, doch das Produkt aus der einfachen Hauszwetschge erfreute uns ein ganzes Jahr lang. Sogar im Winter in der abendlichen Strickstube oder wenn Besuch kam, wurde nicht nur Wurst aufgetischt, sondern man aß auch Zwetschgenmus und wusste um dessen mühsame Entstehung.

Kühe, Ziegen und Gänse hüten

Das letzte Getreide war eingebracht, ein zweiter Grasschnitt für die Winterfütterung zu Grummet getrocknet und in den Scheunen gelagert. Dem Feld war die Krone genommen, die „Hoch-Zeit“ des Jahres beendet – der Herbst war da.
Für die Bauern stand die Vorbereitung der Felder zur Wintersaat an, bevor Mitte bis Ende September die Kartoffelernte begann. Auf den Wiesen, vorwiegend an Bachläufen

entstand ein ganz besonderes, lebhaftes Bild. Herbstsonne und Feuchtigkeit hatten das Gras noch einmal gut wachsen lassen – zartes, saftiges Futter zum Abweiden. Bei gutem Wetter begann mittags nach der Schule reges Leben: Kühe, Ziegen und Gänse wurden von Kindern auf die möglichst nahe liegenden Wiesen zum Hüten gebracht. Eine abwechslungsreiche schöne Beschäftigung, bei der nicht nur die Schularbeiten gemacht und Bücher gelesen wurden.

Im Herbst wurden die Gänse auf die Wiese getrieben, um noch einmal Gras zu fressen.

Während sich die Mädchen die Zeit vorwiegend mit Handarbeiten vertrieben, gaben sich die Jungen eher dem Spiel hin: Feuerchen wurden angezündet und in der Glut Äpfel und Kartoffeln gegart. Unter Bäumen bauten sie Laubhütten. Auch lustige kleine Wassermühlen und Holzpfeifchen sowie in Mustern abgerindete Stöcke entstanden. Die Tiere allerdings durfte man darüber nicht aus den Augen verlieren. Doch sie waren mit Grasrupfen beschäftigt oder lagen friedlich und gesättigt in ihren jeweiligen Gruppen beieinander. Den Kindern schmeckten die mitgebrachten Brote ebenso hervorragend und viel zu schnell vergingen die Stunden. Bevor die Dunkelheit hereinbrach, ging es dann nach Hause.

Durch Zurufen und Peitschenknallen wusste das Vieh genau, jetzt geht's heim. Den Weg kannten sie fast alleine. Die Kühe hatten eine Maulkette umgelegt und wurden aneinandergekoppelt bis in den Stall geführt. Bei den Ziegengruppen führte, neben dem Hüter, meistens ein Leittier die anderen Tiere der Herde nach Hause. Die Gänse watschelten hinter ihrer Mutter, der Zuchtgans, her und wurden in ihrem Stall nochmals mit gutem Futter aus Schrot und Korn empfangen. In wenigen Wochen sollten sie ja einen guten Weihnachtsbraten abgeben.

Doch die Entwicklung nahm ihren Lauf. Durch die Industrialisierung gab es zunächst weniger „Kleinstbauern" mit Ziegen und Kleinvieh. Das bunte Bild verblasste. Als dann in den Fünfzigerjahren elektrische Weidezäune, durch Batterien gespeist, auf den Markt kamen, brachten die größeren Bauern ihre Milchviehherden und Rinder auf ihre Wiesen und Weiden. Mit zunehmendem Verkehr wurde das Treiben der Kuhherden auf den Straßen immer schwieriger. So verschwanden sie von den Weiden und wurden nur noch in den Ställen versorgt.

So wie unsere Feldgemarkung fast menschenleer, so ist sie auch „tierleer" geworden. Hier und da ein paar Pferde, ein paar Schäfchen und ab und zu eine kleine Herde Ammenkühe mit ihrem Nachwuchs.

Großes Unglück, großes Glück

Es war die Zeit der Herbstaussaat auf den Feldern mit Gerste, Roggen und Weizen. Die junge Bauersfrau sollte mit einem schweren Traktor einen Acker saatfertig bearbeiten. Rechts und links der großen Schlepperreifen waren Stützräder von etwa 1,75 Meter Durchmesser befestigt, um den Bodendruck zu verringern. Zum Zerkleinern der Ackerkrume war an die Zugmaschine eine breite, schwere Egge mit Krümelwalze angehängt. Das Wetter war herbstlich schön und es machte ihr Freude, die Erde so zu bearbeiten. Pünktlich zur Fütterungszeit war das Stück Land zur Saat vorbereitet und sie konnte „ausspannen", das heißt, Anhänggeräte und Gitterräder vom Traktor abzunehmen. Der Acker war ziemlich abschüssig und sie musste die Maschine entsprechend wenden, um die schweren Gitterräder abzubekommen.

Beim zweiten Rad passierte dann das Unglück: Das Rad fiel nicht zu Boden, sondern machte eine Wendung, setzte sich in Bewegung und lief, immer schneller werdend, den abschüssigen Hang hinunter. Der Bäuerin blieb fast das Herz stehen. Sie hoffte auf den Grünstreifen am Ende des Ackers, bewachsen mit drei starken Eichen und Hecken. Doch das Gitterrad machte nicht Halt. Es rollte hindurch, über den nächsten Acker und durch eine letzte mit Bäumen und Buschwerk bewachsene Böschung.

Das alles wäre gar nicht so dramatisch gewesen, wenn nicht unterhalb der letzten Böschung die Bundesstraße 62 verlaufen wäre. Und das auch noch zur Hauptverkehrszeit an einem Freitagnachmittag um 17.00 Uhr!

Die Bauersfrau fuhr verzweifelt zurück zum Hof, um gemeinsam mit ihrem Mann zur Unglücksstelle zu eilen. Es gab keine Anzeichen eines Unfalls – Gott sei Dank! Aber wo war das Rad? Sie fanden es ca. 50 Meter neben der Straße an einem Bachlauf des Breitenbaches, einem kleinen Zufluss zur Jossa und Fulda.
Das war wirklich Glück im Unglück!

Unsere Dörfer im Umbruch

Durch die weitreichende technische Entwicklung unserer landwirtschaftlichen Betriebe haben sich auch die sozialen Verhältnisse geändert. Kleinere Betriebe mussten aufgeben. Die ländliche Bevölkerung fand ihre Arbeit, ihren Unterhalt nun vorwiegend in den nahe liegenden Städten als Handwerker, Industriearbeiter oder Angestellte.
In den 60er- und 70er-Jahren begann ein regelrechter Bauboom. Häuser wurden vergrößert und modernisiert. An den Dorfrändern wurden ganze Neubaugebiete ausgewiesen. Oft konnte man günstige Baukredite bekommen, vor allem aber half man sich beim Bauen an den Wochenenden gegenseitig. Es entstanden schmucke Einfamilienhäuser mit gepflegten Außenanlagen. Das Wohnen in zentralgeheizten Räumen mit moderner Einbauküche und Badezimmer sowie Toilette im Haus – davon träumten viele.
Ende 1950 entstanden die ersten Siedlungshöfe in der Feldgemarkung. Unter Vorgabe und finanzieller Unterstützung der Siedlungsgemeinschaft „Hessische Heimat“, einer überregionalen Organisation, konnten sich landwirtschaftliche Betriebe nun vergrößern und weiterentwickeln.

Sämtliche Stallungen waren nun unter einem Dach und vom Wohnbereich trockenen Fußes zu erreichen. Mechanische Entmistungen und ein breiter befahrbarer Futtergang boten eine enorme Arbeitserleichterung. Auch der Umgang mit den immer größer werdenden Maschinen auf der großen Hoffläche war nicht vergleichbar mit den engen Verhältnissen im Dorf.
Ein Garten direkt am Haus, Heizung in allen Räumen, fließend kalt und warmes Wasser, eine moderne Kücheneinrichtung mit Elektroherd und Kühlschrank, eine Waschmaschine im Wirtschaftsbereich zwischen Wohnhaus und Stallungen, erleichterten auch der Bäuerin die Arbeit.
Im Dorf entstanden Gefrieranlagen, deren einzelne Fächer man mieten und nach einer Großschlachtung den dazugehörenden Kühlraum nutzen konnte.
Ein Dorfgemeinschaftshaus gab es nun fast in jeder Gemeinde. Hier fanden Familienfeste und sonstige Veranstaltungen statt.
Eine unglaubliche Entwicklung, die sich nach dem schweren Kriegs- und Nachkriegsjahren vollzogen hat!

Wir sind nur Gast auf Erden

Vorbei des Sommers leuchtende Farben, vorbei des Herbstes klare Luft. Durch braunes Laub die Füße gehen und überall ein Hauch von Wehmut liegt …
Nun heißt es Abschied nehmen, Abschied von Sonnenschein, Wachsen und Blühen.
Der Monat November, verhangen, trüb und unfreundlich, lässt uns besinnlich werden. Gedanken durchwandern die

Zeit, bringen Erlebtes in Erinnerung: Schönes und Bedrückendes, Freud und Leid. In diesem Monat gedenken wir in besonderem Maße all der Verstorbenen, die uns begleitet haben, denen wir verbunden waren. Wir gehen zu den Gräbern, besinnen uns.
Die Umstände auf dem Land waren damals so ganz anders als heute. Neben der Gemeindeschwester (einer Diakonisse) und der Hebamme gab es zunächst keinen Arzt in der Gemeinde. Geburt und Tod waren ein Teil des Lebens in der Familie. Außergewöhnlich war es, das Leben in einem Krankenhaus zu beginnen oder zu beenden.
Die Familie war der Mittelpunkt, war die Gemeinschaft, in die man sich einbrachte und für die es selbstverständlich war, Pflege zu leisten und den Sterbenden zu begleiten und ihm beizustehen. Der Pfarrer reichte das letzte Abendmahl. Ein gemeinsames Gebet wurde gesprochen. Wie wohltuend und beruhigend für den Sterbenden und wie tröstend und hilfreich in der Trauer für die Zurückbleibenden.
Auch die Tage nach dem Ableben eines Angehörigen gestalten sich anders als heute. Man bat eine gute Nachbarin, bzw. die Gemeindeschwester, den Verstorbenen zu versorgen. Das Leichenhemd für den Mann oder die schwarze Tracht mit der Schnurrkappe der Frau lagen lange schon in der Truhe bereit. Die Leichenschau übernahm nicht wie heute ein Arzt, sondern es kam ein ausgebildeter Bewohner des Dorfes, der die augenscheinlichen Todesmerkmale feststellte und den Tod bescheinigte.
In alter Zeit wurde der Verstorbene im Sterbezimmer auf eine Strohlage gebettet und mit einem weißen Leinentuch, dem Leichentuch, bedeckt. Das Aufbahren auf Stroh, „der Strau“, war später nicht mehr üblich. Die Familie und Freun-

de konnten in Ruhe Abschied nehmen. Letztere kamen nicht nur aus Anteilnahme und zu einem Trauergespräch, sondern der eine oder andere brachte auch etwas zu essen mit, um die Familie ein wenig zu unterstützen. In vielen Häusern war Not. Sterbeanzeigen wie heute waren nicht üblich. Die wenigsten bezogen eine Zeitung. So mussten die Verwandten „angeheißen“ werden, wobei niemand vergessen werden durfte.

Sechs Träger wurden in der Nachbarschaft bestellt. Junge, ledige Verstorbene sollten von ledigen Männern zu Grabe getragen werden. Am Beerdigungstag selbst, gewöhnlich nach drei Tagen, wurde der Leichnam vom Schreiner eingesargt. Die Särge wurden von ihm selbst gefertigt. Ein bis zwei Stück standen immer zur Verfügung. Da die Wohnverhältnisse oft beengt waren, legte man den Verstorbenen in ein Leinentuch, um ihn damit in den Hausflur zu tragen und ihn dort in den Sarg zu legen.

Ich erinnere mich an meine Konfirmandenzeit. Es war Pflicht, als Konfirmand an den Beerdigungen teilzunehmen. Mit dem Pfarrer gingen wir gemeinsam zum Trauerhaus, an dem schon die Trauergemeinde versammelt war. Alle Trauergäste gingen tiefschwarz. Die meisten trugen zu dieser Zeit noch Tracht. Männer kamen im schwarzen Gehrock und trugen einen Zylinder. Die Frauen hatten einen langen schwarzen Umhang, eine Art Cape, über ihrer Tracht. Ältere Frauen setzten auf den Kopf ihre „Ziehkappe“, eine kleine schwarze Schnurkappe mit langen schwarzen Bändern. Das Hinterteil der Kappe, oft aus Samt, war mit Glasperlen bestickt.

Kurz bevor der Pfarrer zum Trauerhaus kam, wurde der Sarg vom Schreiner verschlossen und von den Trägern vor das Haus auf den Hof gestellt. Viele waren gekommen, jeder kannte jeden im Dorf, um am Gottesdienst teilzunehmen und den Verstorbenen auf dem letzten Weg zu begleiten. Dieser Weg, vom Geläut der Kirchenglocken begleitet, war oft weit bis zum Friedhof und manchmal beschwerlich für die Träger. Zur Erleichterung hatte man extra dafür vorgesehene weiße, schmale Damasthandtücher um die Sarggriffe geschlungen.

Der Leichenzug wurde von den Konfirmanden angeführt, die auch die Kränze und Blumengebinde trugen. Letztere waren von den Trauernden meistens selbst liebevoll gebunden, jedoch längst nicht so üppig wie heute.

Vor dem Sarg, der ohne Blumenschmuck war, ging der Pfarrer, dahinter die Angehörigen, im Gefolge die Trauergemeinde. Unter dem Absingen des Liedes „Begrabt den Leib", wurde der Sarg in die Erde gebettet. Nach dem Gebet und dem Segen konnten die Angehörigen und die Trauergemeinde am offenen Grab Abschied nehmen. Als Zeichen des Glaubens und der Verbundenheit gab man drei Hände voll guter Muttererde über den Sarg. Der Totengräber, ein Mann aus der Kirchengemeinde, versorgte später das Grab.

Auch früher wurde zum Beerdigungskaffee geladen. Allerdings versammelten sich Familie, Verwandte, Nachbarn und Freunde in der Regel im Haus der Verstorbenen. Wohnstube und Küche wurden dazu hergerichtet. Es wurde trockener Kuchen (der Leichenkuchen) angeboten, den Nachbarinnen gebacken hatten. Verwandte kamen wieder einmal zusammen, man redete, erinnerte sich des Verstorbenen, und man ging wieder auseinander. Jeder in sein Heim. Das Leben ging weiter …

Reformen in unseren hessischen Dörfern

Reformen und Umgestaltung haben wesentliche Veränderungen in unsere Gemeinden gebracht. Mit Sicherheit erinnern sich die Älteren noch an die Flurbereinigung in den 20er- und 30er-Jahren des vorigen Jahrhunderts, eine völlige Umgestaltung der gesamten Dorfgemarkung. Die Ländereien lagen in vielen Flurstücken auf der Dorfflur verteilt. Nicht jeder Acker lag unmittelbar am Feldweg, sodass der Bauer, um sein Land bestellen zu können, über das Feld oder die Wiese des Nachbarn fahren musste. Dies war durch ein Wegerecht festgelegt.

Im Zuge der Flurbereinigung wurden die Ländereien neu vermessen. Flurkarten sind angelegt worden. Bei der Zusammenlegung der Grundstücke führte man Bodenuntersuchungen durch, um die Qualität der einzelnen Stücke einschätzen zu können (Bonitierung). Es sollte möglichst gerecht vorgegangen werden, doch manche Bauern mussten sich mit einschneidenden Bestimmungen abfinden. Streitigkeiten blieben nicht aus. Trotz allem entstand durch die Zusammenlegung der Felder eine wesentliche Arbeitserleichterung. Vor allem bei der Bestellung und der Ernte, denn auch neue Wege wurden angelegt, über die die Bauern jeden ihrer Äcker erreichen konnten. Ein richtiges Feldwegerecht entstand in der Feldgemarkung. Zum Glück sind jahrhundertealte Flurnamen nicht verloren gegangen. Schaut man allerdings heute in die Felder hinein, könnte man denken, eine nochmalige Flurbereinigung hätte stattgefunden. Fast alle kleineren Landpartien sind verschwunden. Die sogenannten „kleineren“ Bauern gibt es so gut wie nicht mehr. Die Betriebe sind weniger und größer geworden, ebenso die Ländereien in unserer Feldgemarkung. Mit immer größer werdenden Maschinen werden sie bestellt und abgeerntet.

Allerdings ging durch diese Reform für die Dorfbewohner auch vieles verloren. Bis dahin hatte jede Gemeinde einen eigenen Bürgermeister gehabt, der sein Amt in der Regel im Nebenberuf ausübte. Gewählt wurden Personen meist ohne besondere Vorbildung, allerdings mit gutem Leumund. Sie kannten keine festen Arbeitszeiten, hatten Einblick in alle Familien, mussten helfen, schlichten und organisieren. Einem Bürgermeister standen auch keine besonderen Amtsräume zur Verfügung. Er erledigte seine Tätigkeiten (Schreibarbeiten, Besprechungen mit dem Gemeindevorstand, Besuche der Dorfbewohner) in seinen Privaträumen, meistens im Wohnzimmer des Hauses. Die Vergütung seiner Arbeit war gering.

Fest angestellt in jeder Gemeinde waren ein Wegewart und ein Ortsdiener. Der Wegewart hatte vor allem, wie der Name schon sagt, die Wege in der Flurgemarkung zu warten. Feldwege waren nicht befestigt und wurden durch Witterungseinflüsse stark geschädigt. Wasserabzugsgräben seitlich des Weges und die Querrinnen (Schlitze) über den Weg mussten offen gehalten werden. Die Feldgemarkung war groß und ein Wart hatte immer zu tun.

Sehr gut erinnere ich mich noch an den letzten Ortsdiener. Seine Anweisungen erhielt er vom Bürgermeister und war so dessen Mittler und verlängerter Arm. Als Botengänger überbrachte er Briefe des Amtes an den Bürger. Der Stromverbrauch der Haushalte wurde von ihm abgelesen und vieles mehr. Vor allem aber war er sozusagen der „Vorgänger“

der lokalen Presse. Die Bekanntmachungen der Gemeinde, die im Dorf sehr wichtig waren, gehörten zur Aufgabe des Ortsdieners. Mit der Ortsschelle ging er durch das Dorf und hatte seine bestimmten Stellen an denen er heftig schellte und lauthals rief: „Bekanntmachung, Bekanntmachung!“, um dann seine wichtige Kunde zu verlesen.
Dabei musste alles möglichst still sein. Fuhrwerke blieben stehen, Fenster und Türen öffneten sich, denn jeder wollte über das Neuste, ob gute oder schlechte Nachrichten, informiert sein. Nur mit den lärmenden Kindern hatte er oftmals seine liebe Not. Der Ortsdiener sowie der Wegewart, wichtige Menschen, die es so in unseren Gemeinden nicht mehr gibt.

Weitere Bücher aus der Region

Nordhessen - Farbbildband
deutsch/english/français
Iris Endisch/Jürgen Nolte
72 Seiten, Hardcover
ISBN 978-3-8313-2327-2

Freizeitführer Nordhessen
240 Seiten, Broschur
ISBN 978-3-8313-2096-7

Schlösser und Burgen in Nordhessen
Iris Endisch/Jürgen Nolte
72 Seiten, Hardcover
ISBN 978-3-8313-2276-3

Weihnachtsgeschichten aus Nordhessen
Katharina Schaake
80 Seiten, Hardcover
ISBN 978-3-8313-2746-1